内部控制与内部审计

王　天　贾海俊　李　林◎著

中国商务出版社
CHINA COMMERCE AND TRADE PRESS

图书在版编目（CIP）数据

内部控制与内部审计 / 王天，贾海俊，李林著. --
北京 ： 中国商务出版社，2022.10
　ISBN 978-7-5103-4479-4

Ⅰ．①内… Ⅱ．①王… ②贾… ③李… Ⅲ．①企业内
部管理②企业－内部审计 Ⅳ．①F272.3②F239.45

中国版本图书馆CIP数据核字(2022)第192038号

内部控制与内部审计

NEIBU KONGZHI YU NEIBU SHENJI

王天　贾海俊　李林　著

出　　　版：中国商务出版社

地　　　址：北京市东城区安外东后巷28号　　邮　编： 100710

责任部门：教育事业部（010-64283818）

责任编辑：丁海春

直销客服：010-64283818

总 发 行：中国商务出版社发行部　（010-64208388　64515150 ）

网购零售：中国商务出版社淘宝店 （010-64286917）

网　　　址：http://www.cctpress.com

网　　　店：https://shop162373850.taobao.com

邮　　　箱：347675974@qq.com

印　　　刷：北京四海锦诚印刷技术有限公司

开　　　本：787毫米×1092毫米　1/16

印　　　张：12.75　　　　　　　　　　　字　数：263千字

版　　　次：2023年5月第1版　　　　　　印　次：2023年5月第1次印刷

书　　　号：ISBN 978-7-5103-4479-4

定　　　价：74.00元

前　言

进入 21 世纪以来，随着国际经济环境的变化、科学技术的飞速发展和公司治理运动的深入等因素的影响，内部审计面临并正在进行重大变革。内部审计理论与技术、方法的重大变革，是伴随着经济的发展、公司治理要求的提高、互联网等技术的出现而出现的。内部审计是公司治理的有机组成部分，也是提高现代公司治理有效性的重要手段。没有完善的现代内部审计制度，现代公司治理系统将失去重要的微观基础。反之，缺乏完善的现代公司治理，现代内部审计的作用也不可能得到充分发挥。现代公司治理和现代内部审计相辅相成，互为补充、互为促进。现代公司治理为现代内部审计创造良好的环境，现代内部审计促进现代公司治理的完善和有效。

内部控制主要是对企业的资产安全性进行保护，保证企业资产配置能够遵循相应的法律法规和制度。内部审计是企业管理中一种较为客观的、科学的监督体系和机制，通过审核检查、对企业的经营活动进行评估、对企业的内部控制活动是否合规合法及有效性进行监督，以此来全面推进企业战略发展目标的实现。本书从介绍内部控制的定义、原则和要素开始，涵盖了内部控制环境和业务活动控制，详细介绍了内部审计人员职业道德的要求、内部审计管理风险与防范，内容翔实，案例丰富，结构严谨，实用性强，有利于在提高学习者理论知识水平的基础上培养其实务操作能力。

在编写的过程中，参阅了大量同行的书籍，也查阅了各种相关文献和政策，在同行的帮助下完成了这本书，由于才疏学浅，望广大读者多多提出宝贵意见，能帮助笔者更好更快地成长，也希望笔者的小小见解能给广大读者一些体会。

目 录

⌐第一章 内部控制的基本理论 ················· 1

　　第一节 内部控制的定义 ················· 1
　　第二节 内部控制的目标与原则 ············· 3
　　第三节 内部控制的要素 ················· 8
　　第四节 内部控制的局限性 ··············· 10

⌐第二章 内部环境 ···················· 12

　　第一节 组织架构 ··················· 12
　　第二节 发展战略 ··················· 19
　　第三节 人力资源 ··················· 24
　　第四节 社会责任 ··················· 28
　　第五节 企业文化 ··················· 31
　　第六节 诚信和道德价值观 ·············· 34

⌐第三章 信息、沟通与内部监督 ············· 37

　　第一节 内部信息传递 ················· 37
　　第二节 信息系统 ··················· 46
　　第三节 监督机构与程序 ··············· 61
　　第四节 内部控制监督的方法 ············· 66

⌐第四章 业务活动控制 ················· 71

　　第一节 资金活动与资产管理控制 ·········· 71

第二节　采购业务销售业务控制 ……………………………… 85

第三节　研究与开发控制 ……………………………………… 94

第四节　工程项目控制 ………………………………………… 97

第五节　担保业务与业务外包控制 …………………………… 106

第六节　财务报告控制 ………………………………………… 118

第五章　内部控制审计 …………………………………… 129

第一节　内部控制审计概述 …………………………………… 129

第二节　内部控制审计的实施 ………………………………… 136

第三节　内部控制审计报告 …………………………………… 140

第六章　内部审计人员职业道德 …………………………… 144

第一节　内部审计人员的职业道德 …………………………… 144

第二节　内部审计人员的执业能力 …………………………… 152

第三节　内部审计协会 ………………………………………… 163

第七章　内部审计管理 …………………………………… 169

第一节　内部审计部门管理 …………………………………… 169

第二节　内部审计项目管理 …………………………………… 176

第三节　内部审计质量保证与改进 …………………………… 180

第四节　内部审计风险及防范 ………………………………… 187

第五节　内部审计制度建设 …………………………………… 194

参考文献 ………………………………………………… 196

第一章 内部控制的基本理论

第一节 内部控制的定义

我国对于内部控制的定义几经变迁，经历了由无到有、范围逐步扩大、科学严谨性逐步提升的发展过程。最早的内部控制定义仅仅局限于会计控制，而现在的内部控制则是完整的内部控制概念。内部控制是由企业董事会、监事会、经理层和全体员工实施的、旨在实现控制目标的过程。对于这一定义，可从以下几个方面进行理解：

一、内部控制是一种全员控制

内部控制是一种全员控制，即内部控制强调全员参与，人人有责。企业的各级管理层和全体员工都应当树立现代管理理念，强化风险意识，以主人翁的姿态积极参与内部控制的建立与实施，并主动承担相应的责任，而不是被动地遵守内部控制的相关规定。

值得注意的是，内部控制的"全员控制"与董事会、监事会和经理层在内部控制的建设和实施过程中的领导作用并不矛盾，领导者与普通员工仅仅是分工不同、承担的权责大小不同，但都是内部控制的参与主体。具体而言，董事会负责内部控制的建立健全和有效实施；监事会对董事会建立和实施内部控制进行监督；经理层负责组织领导企业内部控制的日常运行，在内部控制中承担重要责任。企业所有员工都应在实现内部控制中承担相应职责并发挥积极作用。企业应当在董事会下设立审计委员会，负责审查企业内部控制、监督内部控制的有效实施和内部控制自我评价情况。这就形成了上至董事会，下至全体员工全员参与的内部控制，克服了长期以来我国企业内部控制建设滞后、相关各方执行时权责不清，管理层和员工缺乏参与内部控制的责任与动力等问题。

二、内部控制是一种全面控制

内部控制是一种全面控制，是指内部控制的覆盖范围要足够广泛，涵盖企业所有的业务和事项，包含每个层级和环节，而且还要体现多重控制目标的要求。内部控制本质上是对风险的管理与控制，所谓风险是指偏离控制目标的可能性。内部控制的目标是合理保证企业经营管理合法合规、资产安全、财务报告及相关信息真实完整，提高经营效率和效果，促进企业实现发展战略。企业设计的内部控制活动和流程要充分防范和控制任何影响以上目标实现的风险（而不能仅仅局限于财务报告风险），并要为以上目标的实现提供合理保证。也就是说，内部控制不仅仅是一种防弊纠错的机制，而且还是一种经营管理方法、战略实施工具，是一种为实现多重目标而实施的全面控制。

应当特别说明的是，内部控制只能为控制目标的实现提供"合理保证"，而不是"绝对保证"，这是因为企业目标的实现除了受到企业自身因素的限制以外，还会受到外部环境的影响，而内部控制无法作用于外部环境；而且，内部控制本身也存在一定的局限性，使得其不可能为企业控制目标的实现提供"绝对保证"。

三、内部控制是一种全程控制

内部控制是一种全程控制，是指内部控制是一个完整的全过程控制体系。从时间顺序上看，内容控制包括事前控制、事中控制和事后控制；从内容上看，内部控制包括制度设计、制度执行与监督评价。它们环环相扣，逐步递进，彼此配合，共同构成了一个完整的内部控制体系。

内部控制的全程控制通常以流程为主要手段，包含流程的设计、执行和监督评价，但又不仅仅局限于流程。流程本身就包含着过程控制的思想，流程的设计是前提和基础，流程的实施是核心，对流程的监督是关键。流程设计的合理性往往会直接影响整个内部控制工作的效率和效果。因此，企业要有效地实现全程控制，就必须优化与整合企业内部控制流程。企业进行的流程再造，也是基于全面控制和以提高运行效率的目的。如果说全面控制是从横向角度为企业实现控制目标搭起了一道无形的网，那么全程控制则是从纵向角度为企业防范和管理风险架起了一堵牢固的墙。

内部控制的定义在内部控制概念框架中处于基础地位，是内部控制目标、原则、要素等的理论依据和逻辑起点，也是企业设计和执行内部控制的最基本的要求。只有真正做到了全员控制、全面控制和全程控制，内部控制的设计才不会出现盲点，执行才会合理有效，作用才能真正发挥。

第二节 内部控制的目标与原则

一、内部控制的目标

内部控制的目标即企业希望通过内部控制的设计和实施来取得的成效，主要表现为业绩的提高、财务报告信息质量的提高、违规行为发生率的降低等。确立控制目标并逐层分解目标是控制的开始，内部控制的所有方法、程序和措施无一不是围绕着目标而展开；如果没有了目标，内部控制就会失去方向。

内部控制的目标是合理保证企业经营管理合法合规、资产安全、财务报告及相关信息真实完整，提高经营效率和效果，促进企业实现发展战略，上述目标是一个完整的内部控制目标体系不可或缺的组成部分，然而，由于所处的控制层级不同，各个目标在整个目标体系中的地位和作用也存在着差异。

（一）合规目标

合规目标是指内部控制要合理保证企业在国家法律和法规允许的范围内开展经营活动，严禁违法经营。企业的终极目标是生存、发展和获利，但是如果企业盲目追求利润，无视国家法律法规，必将为其违法行为付出巨大的代价。一旦被罚以重金或者被吊销营业执照，那么其失去的就不仅仅是利润，而是持续经营的基础。因此，合法合规是企业生存和发展的客观前提，是内部控制的基础性目标，是实现其他内控目标的保证。

内部控制作为存在于企业内部的一种制度安排，可以将法律法规的内在要求嵌入到内部控制活动和业务流程之中，从最基础的业务活动上将违法违规的风险降低到最小限度，从而合理保证企业经营管理活动的合法性与合规性。

（二）资产安全目标

资产安全目标主要是为了防止资产损失。保护资产的安全与完整，是企业开展经营活动的基本要求。资产安全目标有两个层次：一是确保资产在使用价值上的完整性，主要是指防止货币资金和实物资产被挪用、转移、侵占、盗窃，防止无形资产被侵权、侵占等；二是确保资产在价值量上的完整性，主要是防止资产被低价出售，损害企业利益同时要充分提高资产使用率，提升资产管理水平，防止资产价值出现减损。为了保障内部控制、实现资产安全目标，必须建立资产的记录、保管和盘点制度，确保记录、保管与盘点岗位的相互分离，并明确职责和权限范围。

内部控制的基本思想在于制衡，因为有了制衡，两个人同时犯同一错误的概率大大减少，从而加大了不法分子实施犯罪计划、进行贪污舞弊行为的难度，进而保护企业的资产不被非法侵蚀或占用，保障企业正常经营活动的顺利开展。为了实现合理保证资产安全的控制目标，企业需要广泛运用职责分离、分权牵制等体现制衡要求的控制措施。

（三）报告目标

报告目标是指内部控制要合理保证企业提供真实可靠的财务信息及其他信息。内部控制的重要控制活动之一是对财务报告的控制。财务报告及相关信息反映了企业的经营业绩，以及企业的价值增值过程，揭示了企业的过去和现状，并可预测企业的未来发展，是投资者进行投资决策、债权人进行信贷决策、管理者进行管理决策和相关经济主管部门制定政策和履行监管职责的重要依据。此外，财务报表及相关信息的真实披露还可以将企业诚信、负责的形象公之于众，有利于市场地位的稳固与提升以及企业未来价值的增长。从这个角度来看，报告目标的实现程度又会在一定程度上影响经营目标的实现程度。

要确保财务报告及相关信息的真实完整，一方面应按照企业会计准则的相关要求如实地核算经济业务、编制财务报告，满足会计信息的一般质量要求；另一方面则应通过内部控制制度的设计，包括不相容职务分离、授权审批控制、日常信息核对等，来防止提供虚假会计信息。

（四）经营目标

提高经营的效率和效果（即有效性）是内部控制要达到的最直接也是最根本的目标。企业存在的根本目的在于获利，而企业能否获利往往直接取决于经营的效率和效果如何。企业所有的管理理念、制度和方法都应该围绕着提高经营的效率和效果来设计、运行并进行适时的调整，内部控制制度也不例外。内部控制的核心思想是相互制衡，而实现手段则是一系列详尽而复杂的流程，这似乎与提高效率的目标相悖，实则不然。内部控制是科学化的管理方法和业务流程，其本质是对于风险的管理和控制，它可以将对风险的防范落实到每个细节和环节当中，真正地做到防微杜渐，使企业可以在低风险的环境中稳健经营。而忽视内部控制的经营管理，貌似效率很高，实则处于高风险的经营环境，一旦不利事项发生，轻则对企业产生重创，重则导致企业衰亡。

良好的内部控制可以从以下四个方面来提高企业的经营效率和效果：一是组织精简，权责划分明确，各部门之间、工作环节之间要密切配合，协调一致，充分发挥资源潜力，充分有效地使用资源，提高经营绩效；二是优化与整合内部控制业务流程，避免出现控制点的交叉和冗余，也要防止出现内控盲点，要设计最优的内控流程并严格执行，最大限度地提高执行效率；三是建立良好的信息和沟通体系，可以使会计信息以及其他方面的重要经济管理信息快速地在企业内部各个管理层次和业务系统之间有效地流动，提高管理层的经济决策和反应的效率；四是建立有效的内部考核机制，对绩效的优劣进行科学的考核，可以实行企业对部门考核、部门对员工考核的多级考核机制，并将考核结果落实到奖惩机制中去，对部门和员工起到激励和促进的作用，提高工作的效率和效果。

（五）战略目标

促进企业实现发展战略是内部控制的最高目标，也是终极目标。战略与企业目标相关联，是管理者为实现企业价值最大化的根本目标而针对环境做出的一种反应和选择。如果说提高经营的效率和效果是从短期利益的角度定位的内部控制目标，那么促进企业实现发展战略则是从长远利益出发的内部控制目标。战略目标是总括性的长远目标，而经营目标则是战略目标的短期化与具体化，内部控制要促进企业实现发展战略，必须立足于经营目标，着力于经营效率和效果的提高。只有这样，才能提高企业核心竞争力，促进发展战略的实现。

要实现这一目标，首先，应由公司董事会或总经理办公会议制定总体战略目标，并通过股东代表大会表决通过，战略目标的制定要充分考虑外部环境和内部条件的变化，根据相应的变化进行适时的调整，确保战略目标在风险容忍度之内；其次，应将战略目标按阶段和内容划分为具体的经营目标，确保各项经营活动围绕战略目标开展；再次，应依据既定的目标实施资源分配，使组织、人员、流程与基础结构相协调，以便促成成功的战略实施；最后，应将目标作为主体从事活动的可计量的基准，围绕目标的实现程度和实现水平实行绩效考核。

二、内部控制的原则

所谓原则是指处理问题的准绳和规则。要使内部控制达到既定目标，即内部控制有效，就必须在内部控制的建立和实施过程中遵循一定的原则。建立和实施内部控制必须遵循以下原则：

（一）全面性原则

全面性原则即内部控制应当贯穿决策、执行和监督全过程，覆盖企业及其组成部分的各种业务和事项。内部控制的建立在层次上应该涵盖企业董事会、管理层和全体员工，在对象上应该覆盖各项业务和管理活动，在流程上应该渗透到决策、执行、监督、反馈等各个环节，避免内部控制出现空白和漏洞。总之，内部控制应该是全程控制、全员控制和全面控制。

（二）重要性原则

内部控制的重要性原则即内部控制应当在兼顾全面的基础上突出重点，针对重要业务和事项、高风险领域和环节采取更为严格的控制措施，确保不存在重大缺陷。基于企业的资源有限的客观事实，企业在设计内部控制制度时不应平均使用资源，而应该寻找关键控制点，并对关键控制点投入更多的人力、物力和财力，即要"突出重点，兼顾一般"，着力防范重大风险。

目前，中央在国企推行"三重一大"制度正是重要性原则的充分体现。所谓"三重一大"，是指"重大决策、重大事项、重要人事任免及大额资金使用"。

所谓重大决策事项，主要包括企业贯彻执行党和国家的路线方针政策、法律法规和上级重要决定的重大措施，企业发展战略、破产、改制、兼并重组、资产调整、产权转让、对外投资、利益调配、机构调整等方面的重大决策，企业党的建设和安全稳定的重大决策，以及其他重大决策事项。

所谓重大项目安排事项，是指对企业资产规模、资本结构、盈利能力以及生产装备、技术状况等产生重要影响的项目的设立和安排，其主要包括年度投资计划，融资、担保项目，期权、期货等金融衍生业务，重要设备和技术引进，采购大宗物资和购买服务，重大工程建设项目，以及其他重大项目安排事项。

所谓重要人事任免事项，是指企业直接管理的领导人员以及其他经营管理人员的职务调整事项，其主要包括企业中层以上经营管理人员和下属企业、单位领导班子成员的任免、聘用、解除聘用和后备人选的确定，向控股和参股企业委派股东代表，推荐董事会、监事会成员和经理、财务负责人，以及其他重要人事任免事项。

所谓大额度资金运作事项，是指超过由企业或者履行国有资产出资人职责的机构所规定的企业领导人员有权调动、使用的资金限额的资金调动和使用，其主要包括年度预算内大额度资金调动和使用，超预算的资金调动和使用，对外大额捐赠、赞助，以及其他大额度资金运作事项。

"三重一大"事项应坚持集体决策原则。任何个人不得单独进行决策或者擅自改变集体决策意见。企业应当健全议事规则，明确"三重一大"事项的决策规则和程序，完善群众参与、专家咨询和集体决策相结合的决策机制。国有企业党委（党组）、董事会、未设董事会的经理班子等决策机构要依据各自的职责、权限和议事规则，集体讨论决定"三重一大"事项，防止个人或少数人专断。要坚持务实高效，保证决策的科学性；充分发扬民主，广泛听取意见，保证决策的民主性；遵守国家法律法规和有关政策，保证决策合法合规。

（三）制衡性原则

内部控制的制衡性原则要求内部控制应当在治理结构、机构设置及权责分配、业务流程等方面形成相互制约、相互监督。相互制衡是建立和实施内部控制的核心理念，更多地体现为不相容机构、岗位或人员的相互分离和制约。无论是在企业决策、执行环节还是在监督环节，如果不能做到不相容职务的相互分离与制约，那么就会造成滥用职权或串通舞弊，导致内部控制的失效，给企业经营发展带来重大隐患。

（四）适应性原则

适应性原则的思想来源于"权变"理论，所谓权变，是指权宜应变。权变理论认为，企业要依据环境和内外条件随机应变，灵活地采取相应的、适当的管理方法，不存在一成不变的、普遍适用的"最好的"管理理论和方法，也不存在普遍不适用的"不好的"管理理论和方法。根据权变理论，建立内部控制制度不可能一劳永逸，而应当与企业的经营规模、业务范围、竞争状况和风险水平等相适应，并随着情况的变化及时加以调整。在当今日益激烈的市场竞争环境中，经营风险更具复杂性和多变性。企业应当根据内外部环境的变化，适时地对内部控制加以调整和完善，防止出现"道高一尺，魔高一丈"的现象。

（五）成本效益原则

内部控制的成本主要有以下三方面的内容：第一，内部控制的设计成本，包括自行设计和外包设计成本；第二，内部控制的实施成本，包括评价和监督人员的工资，实施内部控制影响了运营效率带来的机会成本，以及将内部控制制度嵌入到信息系统后的信息系统的运行和维护成本；第三，内部控制的鉴证成本，一般是聘请注册会计师实施内部控制审计的鉴证费用。

成本效益原则要求实施内部控制应当权衡成本与预期效益，以适当的成本实现有效控制。成本效益原则有两个要义：一是努力降低内部控制的成本，即在保证内部控制制度有效性的前提下，尽量精简机构和人员，改进控制方法和手段，减少过于烦琐的程序和手续，避免重复劳动，提高工作效率，节约成本；二是合理确定内部控制带来的经济效益，实施内部控制的效益并非不可计量，只是这种效益往往具有滞后性，当期效益并不明显。为了做大做强，企业一定要杜绝"短视行为"，立足长远，充分考虑内部控制带来的未来收益，并与其成本进行对比，运用科学、合理的方法，有目的、有重点地选择控制点，实现有效控制。

值得说明的是，内部控制的建立和实施要符合成本效益原则，也是内部控制对目标的保证程度不是绝对保证、而是合理保证的重要原因之一。

第三节　内部控制的要素

内部控制通常被划分成若干个基本要素。这些要素及其构成方式，决定着内部控制的内容与形式。内部控制的五要素，即内部环境、风险评估、控制活动、信息与沟通和内部监督。

一、内部环境

内部环境是企业实施内部控制的基础，一般包括治理结构、机构设置及权责分配、内部审计、人力资源政策、企业文化等。内部控制应用指引把这些方面归为内部环境要素。其中，治理结构是重中之重，企业实施内部控制应先从治理结构等入手。内部控制只有得到高层的充分重视，才能取得成功。如果主要领导人滥用职权，内部控制势必要失效。内部控制是通过人来实施的，而企业文化则是企业的灵魂。

内部环境是内部控制其他四个构成要素的基础，在企业内部控制的建立与实施中发挥着基础性作用。内部环境应充分体现企业业务模式、经营管理的特点以及内部控制的要求，与企业自身的规模、发展阶段相适应。

二、风险评估

风险是指一个潜在事项的发生对目标实现产生的影响。风险评估是单位及时识别、系统分析经营活动中与实现内部控制目标相关的风险，合理确定风险应对策略。它是实施内部控制的重要环节。

风险评估主要包括目标设定、风险识别、风险分析和风险应对等环节。风险与可能被影响的控制目标相关联。企业必须制定与生产、销售、财务等业务相关的目标，建立辨认、分析和管理相关风险的机制，以了解企业所面临的来自内部和外部的各种不同风险。在充分识别各种潜在风险因素后，要对固有风险（即不采取任何防范措施可能造成的损失程度）进行评估，同时，重点评估剩余风险（即采取了相应应对措施之后仍可能造成的损失程度）。企业管理层在评估了相关风险的可能性和后果，以及成本效益之后，要选择一系列策略将剩余风险控制在期望的风险承受度之内。

三、控制活动

控制活动是指结合具体业务和事项，运用相应的控制政策和程序（或称控制措施）去实施控制。也就是在风险评估之后，单位采取相应的控制措施将风险控制在可承受的范围之内。

控制措施一般包括：不相容职务分离控制、授权审批控制、会计系统控制、财产保护控制、预算控制、运营分析控制、绩效考评控制等。企业应通过采用手工控制与自动控制、防护性控制与发现性控制相结合的方法实施相应的控制措施。

四、信息与沟通

信息与沟通是企业及时、准确地收集、传递与内部控制相关的信息，确保信息在企业内部、企业与外部之间进行有效沟通。信息与沟通是实施内部控制的重要条件。

信息与沟通的主要环节有：确认、计量、记录有效的经济业务；在财务报告中恰当揭示财务状况、经营成果和现金流量；保证管理层与单位内部、外部的顺畅沟通，包括与股东、债权人、监管部门、注册会计师、供应商等的沟通。信息与沟通的方式是灵活多样的，但无论哪种方式，都应当保证信息的真实性、及时性和有用性。

五、内部监督

内部监督（即监控）是单位对内部控制建立与实施情况监督检查，评价内部控制的有效性，对于发现的内部控制缺陷，及时加以改进。它是实施内部控制的重要保证，是对内部控制的控制。

内部监督包括日常监督和专项监督。监督情况应当形成书面报告，并在报告中揭示内部控制的重要缺陷。内部监督形成的报告应当有畅通的报告渠道，确保发现的重要问题能及时送达董事会、监事会和经理层；同时，应当建立内部控制缺陷纠正、改进机制，充分发挥内部监督效力。

第四节　内部控制的局限性

内部控制在保证企业经营管理合法合规、资产安全、财务报告及相关信息真实完整，提高经营效率和效果，促进企业实现发展战略方面具有一定的作用，但仅能为以上目标的实现提供合理保证，而不是绝对保证，原因就在于内部控制本身具有一定的局限性。正是内部控制固有的局限性，所以，设计再完美的内部控制，也不能完全保证企业不出任何问题，一般而言，内部控制的局限性可以概括为以下三个方面：

一、越权操作

内部控制制度的重要实施手段之一是授权批准控制，授权批准控制使处于不同组织层级的人员和部门拥有大小不等的业务处理和决定权限。但是一旦发生越权操作，内部控制分工制衡的基本思想将不能再发挥作用，内部控制制度也就形同虚设了。

越权操作的危害极大，不仅打乱了正常的工作秩序和工作流程，而且还会为徇私舞弊、违法违规创造一定的条件。如果越权操作行为发生在基层，往往会引发资产流失、挪用公款等案件；如果发生在高层，则往往形成"内部人控制"，筹资权、投资权、人事权等重大事项的决策权都掌握在公司的经营者手中，股东很难对其行为进行有效的监督。由于权力过分集中，经理人发生逆向选择和道德风险的可能性就较高，这就导致了企业资产流失问题严重、会计信息严重失真、短视行为泛滥等问题，不利于企业的长远发展。

二、合谋串通

内部控制制度源于内部牵制的理念：利用多个部分、环节、人员之间的相互制衡，来防止、发现和纠正可能发生的错误与舞弊。正是基于这样的思想，才有了不相容岗位分离、轮岗制度和强制休假制度等，而合谋串通则完全破坏了内部牵制的设想，削弱了制度的约束力，会导致内部控制制度无效。

合谋串通的动机通常是为了侵吞公司财产，合谋串通的方式有两人串通和多人串通。多人串通的危害极大，往往会形成造假一条龙，不易识别，给公司、股东以及外界的利益相关者带来巨大的损失。

三、成本约束

根据成本效益原则，内部控制的设计和运行是要花费代价的，企业应当充分权衡实施内部控制带来的潜在收益与成本，运用科学、合理的方法，有目的、有重点地选择控制点，实现有效控制。也就是说，内部控制的实施受制于成本与效益的权衡。内部控制的根本目标在于服务于企业价值创造，如果设计和执行一项控制带来的收益不能弥补其所耗费的成本，就应该放弃该项控制。成本效益原则的存在使内部控制始终围绕着控制目标展开，但同时也制约了内部控制，使其难以达到尽善尽美，这也是内部控制固有局限性的来源之一。

第二章　内部环境

第一节　组织架构

一、组织架构的定义

组织架构是指企业按照国家有关法律、法规、股东（大）会决议、企业章程，结合本企业实际情况，明确董事会、监事会、经理层和企业内部各层级机构设置、职责权限、人员编制、工作程序和相关要求的制度安排。一家企业的组织架构存在缺失或缺陷，其他一切生产、经营、管理活动都会受到影响。

组织架构分为治理结构和内部机构两个层面。

（一）治理结构

治理结构即企业治理层面的组织架构，是与外部主体发生各项经济关系的法人所必备的组织基础。它可以使企业成为在法律上具有独立责任的主体，从而使得企业能够在法律许可的范围内拥有特定权利、履行相应义务，以保障各利益相关方的基本权益。

狭义公司治理结构解决所有者对经营者的监督与制衡问题，主要是指内部治理结构。公司内部治理结构是指公司的所有者与经营者和员工之间建立的权力与利益的分配与制衡的关系及规制决策的体系。

广义公司治理结构是指用来协调公司所有的权益主体之间的制衡关系的体系。因此，它包括内部治理结构与外部治理结构。外部治理结构是指公司与其外部各权益主体之间权益制衡关系的体系。

（二）内部机构

内部机构则是企业内部分别设置不同层次的管理人员及其由各专业人员组成的管理团

队，针对各项业务功能行使决策、计划、执行、监督、评价的权利并承担相应的义务，是为了保证业务顺利开展的支撑平台。

现代企业的组织结构一般包括四种基本形式，即 U 型结构、M 型结构、H 型结构和矩阵型结构。

1. U 型结构（直线职能制）

U 型结构是一种中央集权式的组织结构。它同时设置纵向的领导指挥机构和横向的参谋咨询机构。其优点是领导集中、职责清楚、秩序井然、工作效率较高，整个组织有较高的稳定性。而缺点是上下级部门的主动性和积极性的发挥受到限制；部门间条块分割，互通情报少，不能集思广益地做出决策；当职能参谋部门和直线部门之间目标不一致时，容易产生矛盾，致使上层主管的协调工作量增大；整个组织系统的适应性较差，因循守旧，对新情况不能及时地做出反应。

对于只生产一种或少数几种产品的中小型企业而言，职能式组织结构是一种最佳模式。但对于规模较大、决策时需要考虑较多因素的组织，则不太适用。

2. M 型结构（区域事业部制）

M 型结构是一种分权与集权相结合的组织结构。企业按产品、客户、地区等来设立事业部，每一个事业部都是一个有相当自主权的利润中心，独立地进行日常经营决策，各事业部都相当于一个 U 型企业。在纵向关系上，按照"集中决策，分散经营"的原则，处理企业高层领导与事业部之间的关系。实行事业部制，企业最高领导层可以摆脱日常的行政事务，集中力量研究和制定企业发展的各种经营战略和经营方针，而把最大限度的管理权限下放到各事业部，使他们能够依据企业的政策和制度，自主经营，充分发挥各自的积极性和主动性。在横向关系方面，各事业部作为利润中心，实行独立核算，各事业部间的经济往来遵循等价交换原则，结成商品货币关系。

3. H 型结构（控股公司制）

控股型组织结构简称 H 型组织结构，是指在公司总部下设立若干个子公司，公司总部作为母公司对子公司进行控股，承担有限责任母公司对子公司既可以通过控股性股权进行直接管理，又可以通过子公司董事会来进行控制。

H 型结构的管理运作主要是依据资产纽带，且被控股公司又具有法人资格，结构过分松散，使得控股公司总部往往难以有效控制各子公司，控股公司的战略计划难以实现与贯彻；过度分权导致管理效率的下降，增加了控股公司的管理成本；子公司难以充分利用控股公司总部的参谋人员；控股公司的投资协调比较困难。

4. 矩阵制形式

矩阵制组织结构是按职能划分部门和按任务特点（产品和项目）划分小组相结合所产生的矩阵型组织结构形式。当环境一方面要求专业技术知识，另一方面又要求每个产品线能快速做出变化时，就可以应用矩阵式结构。如前所述，职能式结构强调纵向的信息沟通，而事业部式结构强调横向的信息流动，矩阵式就是将这两种信息流动在企业内部同时实现。

企业组织结构作为对企业管理进行的组织设计，是随着经济的发展和科学技术的进步而不断演变的。近年来，由于知识经济的兴起和信息革命的推动，各种企业组织创新的形式不断涌现，企业组织结构变革趋势主要表现在以下几个方面：组织结构扁平化、组织结构网络化、组织的无边界化、组织结构分立化、组织结构柔性化等。

（三）治理结构与内部机构的关系

治理结构与内部机构之间既有联系又有区别。一方面，两者相互协调，相互配合，互为补充，共同为实现企业内部控制目标服务。如果董事、监事、高级管理人员失职或舞弊，再完善的内部控制系统、再科学的内部机构设置，都将形同虚设，失去预期的效能，而科学的内部机构则为公司治理层的各项决策和计划的执行提供了操作平台。另一方面，两者在实现内部控制目标方面的侧重点有所区别。治理结构主要服务于促进企业实现发展战略，保证经营合法合规，而内部机构则主要服务于另外三类控制目标，即保证企业资产安全、保证财务报告及其相关信息真实完整、提高经营效率和效果。

二、组织架构的设计

（一）组织架构设计原则

企业在设计组织架构时，必须考虑内部控制的要求，合理确定治理层、管理层及内部各部门之间的权力和责任，并建立恰当的报告关系。具体而言，至少应当遵循以下原则：

1. 符合法律、法规要求

治理结构的设计必须遵循我国法律、法规的要求，严格规范出资者（主要指股东）、董事会、监事会、经理层的权利和义务，及其相关的聘任条件和议事程序等，合理解决企业各方利益分配问题。

2. 符合发展战略要求

通常情况下，企业发展目标是多重的，且在一段时期保持相对稳定，无论企业的发展目标如何，都必须通过自身组织架构的合理设计和有效运作予以实现和保证。

3. 符合管理控制要求

组织架构的设计应当考虑各层级之间可以相互监督、相互制约。为达到恰当的控制效果，在组织架构设计时必须找出各种限制组织层级和管理跨度的因素，主要包括：员工的经验与受训程度；工作任务的相似性和复杂性；工作地点的空间距离；使用标准化管理的程度；企业信息系统管理的先进程度；企业文化的凝聚力以及管理层的管理风格等。

4. 符合内外环境要求

组织架构设计应当与企业的市场环境、行业特征、经营规模等相适应。此外，企业还应当根据内外部环境的不断变化，迅速做出反应，及时进行组织架构的优化调整。

（二）治理结构主要风险点分析

组织架构设计中的主要风险，仍然从治理结构和内部机构两个角度进行分析。从治理结构层面看，主要风险在于：治理结构形同虚设，缺乏科学决策、良性运行机制和执行力，可能导致企业经营失败，难以实现发展战略。具体而言，组织架构设计中的风险点主要存在于以下十种情况：

第一，股东（大）会是否规范而有效地召开，股东是否可以通过股东（大）会行使自己的权利。

第二，企业与控股股东是否在资产、财务、人员方面实现相互独立，企业与控股股东的关联交易是否贯彻平等、公开、自愿的原则。

第三，对与控股股东相关的信息是否根据规定及时完整地披露。

第四，企业是否对中小股东权益采取了必要的保护措施，使中小股东能够和大股东同等条件参加股东（大）会，获得与大股东一致的信息，并行使相应的权利。

第五，董事会是否独立于经理层和大股东，董事会及其审计委员会中是否有适当数量的独立董事存在且能有效发挥作用。

第六，董事对于自身的权利和责任是否有明确的认知，并且有足够的知识、经验和时间来勤勉、诚信、尽责地履行职责。

第七，董事会是否能够保证企业建立并实施有效的内部控制，审批企业发展战略和重大决策并定期检查、评价其执行情况，明确设立企业可接受的风险承受度，并督促经理层对内部控制有效性进行监督和评价。

第八，监事会的构成是否能够保证其独立性，监事能力是否与相关领域相匹配。

第九，监事会是否能够规范而有效地运行，监督董事会、经理层正确地履行职责并纠正损害企业利益的行为。

第十，对经理层的权力是否存在必要的监督和约束机制。

（三）治理结构的设计

治理结构包括股东（大）会、董事会、监事会和经理层。企业应当根据国家有关法律、法规的规定，按照决策机构、执行机构和监督机构相互独立、权责明确、相互制衡的原则，明确董事会、监事会和经理层的职责权限、任职条件、议事规则和工作程序等。

1. 上市公司治理结构设计

上市公司是公众公司，具有重大的公众利益，因而必须对投资者和社会公众负责。上市公司治理结构的设计，应当充分反映"公众性"特点。具体而言，上市公司治理结构设计应重点关注以下三个方面：

（1）设立独立董事制度

上市公司董事会应当设立独立董事。独立董事不得在上市公司担任除独立董事外的其他任何职务。独立董事对上市公司及全体股东负有诚信与勤勉等义务。

（2）设置董事会专业委员会

上市公司董事会应当根据治理需要，按照股东（大）会的有关决议设立战略决策、审计、提名、薪酬与考核等专门委员会。其中，战略决策委员会主要负责制定公司长期发展战略，监督、核实公司重大投资决策等；提名委员会主要负责拟订公司董事和高级管理人员的选拔标准和程序，搜寻人选，进行选择并提出建议；审计委员会主要负责审查公司内控制度及重大关联交易，审核公司财务信息及其披露，负责内、外部审计的沟通、监督和核查工作；薪酬与考核委员会主要负责制定公司董事及经理人员的考核标准并进行考核，负责制定、审查公司董事及经理人员的薪酬政策与方案，其质量是公司战略成功的重要决定因素。其中，审计委员会、薪酬与考核委员会中独立董事应当占多数并担任负责人，审计委员会中至少还应有一名独立董事是会计专业人士。

董事会专业委员会中的审计委员会，对内部控制的建立健全和有效实施发挥着尤其重要的作用。审计委员会对经理层提供的财务报告和内部控制评价报告进行监督。审计委员会成员应当具备独立性、专业性、道德性。

（3）设立董事会秘书

董事会秘书为上市公司的高级管理人员，直接对董事会负责，并由董事长提名，董事会负责任免。

董事会秘书是一个重要的角色，负责上市公司股东（大）会和董事会会议的筹备、文件保管以及公司股东资料的管理，办理信息披露事务等事宜。

2. 国有独资企业治理结构设计

国有独资企业是比较独特的企业群体，也是我国国民经济的骨干力量，其治理结构设计应充分反映其特色。国有独资企业治理结构设计应反映以下特点：

（1）国有资产监督管理机构代行股东（大）会职权。国有独资企业不设股东（大）会，由国有资产监督管理机构行使股东（大）会职权。国有独资企业董事会可以根据授权部分行使股东（大）会的职权，决定公司的重大事项，但公司的合并、分立、解散、增加或者减少注册资本和发行公司债券，必须由国有资产监督管理机构决定。

（2）国有独资企业董事会成员中应当包括公司职工代表，董事会成员由国有资产监督管理机构委派。但是，董事会成员中的职工代表由公司职工代表大会选举产生。国有独资企业董事长、副董事长由国有资产监督管理机构从董事会成员中指定产生。

（3）国有独资企业监事会成员由国有资产监督管理机构委派，但是监事会成员中的职工代表由公司职工代表大会选举产生。监事会主席由国有资产监督管理机构从监事会成员中指定产生。

（四）内部机构的设计

内部机构的设计是组织架构设计的关键环节，内部机构的设计应满足以下三个要求：

其一，企业应当按照科学、精简、高效、透明、制衡的原则，明确各机构的职责权限，避免职能交叉、缺失或权责过于集中，形成各司其职、各负其责、相互制约、相互协调的工作机制。

其二，企业应当对各机构的职能进行科学合理的分解，确定具体岗位的名称、职责和工作要求等，明确各个岗位的权限和相互关系。尤其应当体现不相容岗位相分离原则，努力识别出不相容职务。

岗位职责是对某一工作部门或个人的工作任务、责任与权限所做的统一规定。企业应当对岗位职责进行描述，包括工作名称、工作职责、任职条件、工作所要求的技能，工作对个性的要求。描述的对象是工作本身，而与从事这项工作的人无关。这样做的目的是便于员工理解职位所要求的能力、工作职责、衡量的标准，让员工有一个可遵循的原则。

其三，企业应当制定组织结构图、业务流程图、岗（职）位说明书和权限指引等内部管理制度或相关文件，使员工了解和掌握组织架构设计及权责分配情况，正确履行职责。值得特别指出的是，就内部机构设计而言，建立权限指引和授权机制非常重要。有了权限指引，不同层级的员工就知道该如何行使权力并承担相应责任，也利于事后考核评价；"授权"表明的是，企业各项决策和业务必须由具备适当权限的人员办理，这一权限通过公司章程约定或其他适当方式授予。

企业内部各级员工必须获得相应的授权，才能实施决策或执行业务，严禁越权办理。按照授权对象和形式的不同，授权分为常规授权和特别授权。常规授权一般针对企业日常经营管理过程中发生的程序性和重复性工作，可以在由企业正式颁布的岗（职）位说明书中予以明确，或通过制定专门的权限指引予以明确。特别授权一般是由董事会给经理层或经理层给内部机构及其员工授予处理某一突发事件（如法律纠纷）、做出某项重大决策、代替上级处理日常工作的临时性权力。

三、组织架构的运行

（一）企业治理结构的运行

企业应当根据组织架构的设计规范，对现有治理结构和内部机构设置进行全面梳理，确保本企业治理结构、内部机构设置和运行机制等符合现代企业制度要求。

企业梳理治理结构，应当重点关注董事、监事、经理及其他高级管理人员的任职资格和履职情况，以及董事会、监事会和经理层的运行效果。治理结构存在问题的，应当采取有效措施加以改进。

企业应当梳理内部机构设置，重点关注内部机构设置的合理性和运行的高效性等。内部机构设置和运行中存在职能交叉、缺失或运行效率低下的，应当及时解决。

（二）对子公司的管控

企业拥有子公司的，应当建立科学的投资管控制度，通过合法有效的形式履行出资人职责、维护出资人权益，重点关注子公司特别是异地、境外子公司的发展战略、年度财务预决算、重大投融资、重大担保、大额资金使用、主要资产处置、重要人事任免、内部控制体系建设等重要事项。

另外，企业应当定期对组织架构设计与运行的效率和效果进行全面评估，发现组织架构设计与运行中存在缺陷的，应当进行优化调整。需要注意的是，企业组织架构调整应当充分听取董事、监事、高级管理人员和其他员工的意见，按照规定的权限和程序进行决策审批。

第二节　发展战略

一、发展战略概述

发展战略是企业在对现实状况和未来趋势进行综合分析和科学预测的基础上，制定并实施的中长期发展目标与战略规划。战略的失败是企业最彻底的失败，它甚至会导致企业的消亡。

（一）发展战略的意义

企业制定科学合理的发展战略，具有重要意义：

1. 发展战略可以为企业找准市场定位

市场定位就是要在激烈的市场竞争环境中找准位置。定位准了，才能赢得市场，才能获得竞争优势，才能不断发展壮大。发展战略要着力解决的正是企业发展过程中所面临的这些全局性、长期性的问题。

2. 发展战略是企业执行层的行动指南

发展战略指明了企业的发展方向、目标与实施路径，描绘了企业未来经营方向和目标纲领，是企业发展的蓝图，关系着企业的长远生存与发展。

3. 发展战略也是内部控制的最高目标

企业内部控制的系列目标中，促进发展战略的实现是内部控制最高层次的目标。发展战略为企业内部控制指明了方向，内部控制为企业实现发展战略提供了坚实保障。

（二）企业制定与实施发展战略存在的风险

企业制定与实施发展战略至少应当关注下列风险：

第一，缺乏明确的发展战略或发展战略实施不到位，可能导致企业盲目发展，难以形成竞争优势，丧失发展机遇和动力。

第二，发展战略过于激进，脱离企业实际能力或偏离主业，可能导致企业过度扩张，甚至经营失败。

第三，发展战略因主观原因频繁变动，可能导致资源浪费，甚至会危及企业的生存和持续发展。

二、发展战略的制定

（一）建立和健全发展战略制定机构

企业要在人力资源配置、组织机构设置等方面为发展战略提供必要的保证。一般而言，企业可以通过设立战略委员会，或指定相关机构负责发展战略管理工作，履行相应职责。

战略委员会的主要职责是对公司的长期发展规划、经营目标、发展方针进行研究并提出建议，对公司所涉及的产品战略、市场战略、营销战略、研发战略、人才战略等经营战略进行研究并提出建议，对公司重大战略性投资、融资方案进行研究并提出建议，对公司重大资本运作、资产经营项目进行研究并提出建议等。

战略委员会对董事会负责，委员包括董事长和其他董事，委员应当具有较强的综合素质和实践经验。战略委员会主席应当由董事长担任。

（二）分析评价影响发展战略的因素

1. 影响企业发展战略的因素

影响企业发展战略的因素主要包括以下几方面：

（1）企业经营环境变化的风险。企业外部环境发生了很大变化，顾客、市场、竞争规则、竞争性质都逐渐变得激烈复杂。一般来讲，企业外部环境主要有三个变化：一是顾客在变化，现在随着生活水平的提高，经济的发展，顾客对企业产品的要求越来越高；二是竞争在变化，即竞争频率在加快，竞争的规则在改变；三是变化本身在变化，即变化的内容在变化，变化的周期在缩短，变化的突然性在增强。

（2）科学技术发展的风险。科学技术的飞速发展以及电子商务的出现，使得市场营销的某些原理受到严峻挑战。伊拉克战争展示了新的世界军事格局，现代的竞争已经从机械化的时代转向数字化、信息化的时代。制信息权、制空权、精准打击、光电隐形、超级武器、新概念武器等成为军事科学技术竞争的焦点。科学技术发展如此快速，企业制定战略的风险就大大提高了。

（3）走向国际化的风险。企业走向国际化，更需要有战略的指导，更需要注意战略的风险。

（4）企业内部发展的风险。企业外部环境发生很大变化，企业的战略也应该进行调整，因为大部分企业的战略是在过去比较老的观念下制定的，企业必须建立新的观念。新的观念必须符合当前世界经济一体化、全球信息化的形势，这样才会有新的思路，才会有新的战略，才会给企业带来比较好的效益。

（5）资本运营的风险。资本运营的风险加大，使得企业的兼并、收购、控股、参股等资本扩张需要有好的战略，否则会把自己拖垮。

以上是对影响企业发展战略的因素分析，但在这五个影响因素当中，企业经营环境变化的风险和企业内部发展的风险是关键因素，所以，只有对企业所处的外部环境和拥有的内部资源展开深度分析，才能制定出科学合理的发展战略

2. 外部环境分析

外部环境分析包括对企业所处的宏观环境分析、行业环境分析及竞争对手、经营环境等的分析。

（1）宏观环境分析

宏观环境分析一般通过政治和法律环境、经济环境、社会和文化环境、技术环境等因素分析企业所面临的状况。

（2）行业环境及竞争对手分析

行业环境分析最常用的工具是五力分析模型，用以确定企业在行业中的竞争优势和行业可能达到的最终资本回报率。

（3）经营环境分析

经营环境分析侧重于对市场及竞争地位、消费者消费状况、融资者、劳动力市场状况等因素的分析。

3. 内部资源的分析

（1）企业资源分析

企业资源分析是对企业现有资源的数量和利用效率，以及资源的应变能力等方面的分析，以便明确形成企业核心能力和竞争优势的战略性资源。

（2）企业能力分析

企业能力是企业有形资源、无形资源和组织资源等各种资源有机组合的结果，主要包括研发能力分析、生产能力分析、营销能力分析、财务能力分析、组织管理能力分析等。

（3）核心竞争力分析

核心竞争力是指能为企业带来相对于竞争对手存在竞争优势的资源和能力。并不是所有的资源都能形成核心竞争力，能够有助于企业构建核心竞争力的资源主要包括稀缺资源、不可模仿的资源、不可替代的资源、持久的资源等。

（三）制定科学的发展战略

发展战略可以分为发展目标和战略规划两个层次。发展目标是企业发展战略的核心和基本内容，表明企业在未来一段时期内所要努力的方向和所要达到的水平。战略规划是为了实现发展目标而制定的具体规划，表明企业在每个发展阶段的具体目标、工作任务和实施路径是什么。

1. 制定发展目标

企业发展目标是指导企业生产经营活动的准绳。在制定企业发展目标过程中，应当重点关注以下主要内容：

（1）发展目标应当突出主业。在编制发展目标时应突出主业，只有集中精力做强主业，才能增强企业核心竞争力，才能在行业发展、产业发展中发挥引领和带头作用。

（2）发展目标不能过于激进，不能盲目追逐市场热点，不能脱离企业实际。

（3）发展目标不能过于保守，否则会丧失发展机遇和动力。

（4）发展目标应当组织多方面的专家和有关人员进行研究论证。

2. 编制战略规划

发展目标确定后，就要考虑使用何种手段、采取何种措施、运用何种方法来达到目标，即编制战略规划。战略规划应当明确企业发展的阶段和发展程度，制定每个发展阶段的具体目标和工作任务以及达到发展目标必经的实施路径等。

3. 严格审议和批准发展战略

发展战略拟订后，应当按照规定的权限和程序对发展战略方案进行审议和批准。审议战略委员会提交的发展战略建议方案，是董事会的重要职责。在审议过程中，董事会应着力关注发展战略的全局性、长期性和可行性，具体包括：第一，发展战略是否符合国家行业发展规划和产业政策；第二，发展战略是否符合国家经济结构战略性调整方向；第三，发展战略是否突出主业，有助于提升企业核心竞争力；第四，发展战略是否具有可操作性；第五，发展战略是否客观全面地对未来商业机会和风险进行分析预测；第六，发展战略是否有相应的人力、财务、信息等资源保障等。董事会在审议中如果发现发展战略方案存在重大缺陷问题，应当责成战略委员会对建议方案进行调整。

企业发展战略方案经董事会审议通过后，应当报经股东（大）会批准后付诸实施。

三、发展战略的实施

科学制定发展战略是一个复杂的过程，实施发展战略更是一个系统工程。企业只有重视和加强发展战略的实施，在所有相关目标领域全力推进，才有可能将发展战略描绘的蓝图转变为现实。为此，企业应当加强对发展战略实施的统一领导，制订详细的年度工作计划，通过编制全面预算，将年度目标进行分解、落实，确保企业发展目标的实现。此外，还要加强对发展战略的宣传培训，通过组织结构调整、人员安排、薪酬调整、财务安排、管理变革等配套措施，保证发展战略的顺利实施。

（一）发展战略实施的领导

要确保发展战略有效实施，加强组织领导是关键。企业经理层作为发展战略制定的直接参与者，往往比一般员工掌握更多的战略信息，对企业发展目标、战略规划和战略实施路径的理解和体会也更加全面深刻，应当担当发展战略实施的领导者。依据"统一领导、统一指挥"的原则，发挥企业经理层在资源分配、内部机构优化、企业文化培育、信息沟通，考核激励相关制度建设等方面的协调、平衡和决策作用，确保发展战略的有效实施。

（二）发展战略的分解落实

发展战略制定后，企业经理层应着手将发展战略逐步细化。第一，要根据战略规划，制订年度工作计划；第二，要按照上下结合、分级编制、逐级汇总的原则编制全面预算，将发展目标分解并落实到产销水平、资产负债规模、收入及利润增长幅度、投资回报、风险管控、技术创新、品牌建设、人力资源建设、制度建设、企业文化、社会责任等可操作层面，确保发展战略能够真正有效地指导企业各项生产经营管理活动；第三，要进一步将年度预算细分为季度、月度预算，通过实施分期预算控制，促进年度预算目标的实现；第四，要通过建立发展战略实施的激励约束机制，将各责任单位年度预算目标完成情况纳入绩效考评体系，切实做到有奖有惩、奖惩分明，以促进发展战略的有效实施。

（三） 发展战略的宣传培训

企业应当重视发展战略的宣传培训工作，为推进发展战略实施提供强有力的思想支撑和行为导向。在企业董事、监事和高级管理人员中树立战略意识和战略思维，充分发挥其在战略制定与实施过程中的模范带头作用；通过采取内部会议、培训、讲座、知识竞赛等多种行之有效的方式，把发展战略及其分解落实情况传递到内部各管理层级和全体员工，营造战略宣传的强大舆论氛围；企业高管层要加强与广大员工的沟通，使全体员工充分认清企业的发展思路、战略目标和具体举措，自觉将发展战略与自己的具体工作结合起来，促进发展战略的有效实施。

（四） 发展战略的执行

战略实施过程是一个系统的有机整体，目前，复杂动态的市场环境和激烈的市场竞争，对企业内部不同部门之间的这种协同运作提出了越来越高的要求。为此，企业应当培育与发展战略相匹配的企业文化，优化调整组织结构，整合内外部资源，相应调整管理方式。

（五） 发展战略的调整

公司战略委员会应当加强对发展战略实施情况的监控，定期收集和分析相关信息，对于明显偏离发展战略的情况，应当及时报告。

对由于经济形势、产业政策、技术进步、行业状况以及不可抗力等因素发生重大变化，确须对发展战略做出调整的，应当按照规定权限和程序调整发展战略。

第三节　人力资源

一、人力资源制度概述

（一） 人力资源的定义

人力资源是指企业组织生产经营活动而录（任）用的各种人员，包括董事、监事、高级管理人员和一般员工，其本质是企业组织中各种人员所具有的脑力和体力的总和。

（二）人力资源的组成

1. 高管人员

高管人员包括决策层和执行层。企业董事会成员和董事长构成企业的决策层，是决定企业发展战略的关键管理人员。决策层团队应具有战略眼光，具备国内、国际形势和宏观政策的分析判断能力，对同行业、本企业的优势具有很强的认知度。执行层通常又被称为经理层，应当树立"执行力"这一重要理念。

2. 专业技术人员

核心技术是企业赖以生存与发展的关键所在。专业技术人员是企业核心技术的创造者和维护者。

3. 一般员工

一般员工是企业人力资源的主体。

（三）人力资源管理的主要风险

人力资源管理一般包括引进、开发、使用和退出四个方面。企业在人力资源管理的过程中至少应当关注下列风险：

（1）人力资源缺乏或过剩、结构不合理、开发机制不健全，可能导致企业发展战略难以实现。

（2）人力资源激励约束制度不合理、关键岗位人员管理不完善，可能导致人才流失、经营效率低下或关键技术、商业秘密和国家机密泄露。

（3）人力资源退出机制不当，可能导致法律诉讼或企业声誉受损。

二、人力资源控制制度设计

（一）高管人员的引进和开发控制制度设计

1. 在高管人员的准入方面

第一，企业要拟订高管人员引进计划，并提交董事会；第二，对拟任人员要进行任前考察，对其价值观、战略思维、企业家精神、综合素质和能力进行全局性评估，判断其创新、决策、管理和承担风险的能力；第三，董事会要对高管人员的引进进行审议，关注高管人员的引进是否符合企业发展战略，是否符合企业当前和长远需要，是否有明确的岗位设定和能力要求，是否设定了公平、公正、公开的引进方式；第四，推行任前公示制度，广泛听取意见。

2. 在高管人员的任用方面

第一，实行高管人员任职试用期制度；第二，实行高管人员任职亲属回避制度；第三，实行高管人员系统培训制度。企业对高管人员的开发要注重激励和约束相结合，创造良好的创业干事环境，让高管人员的聪明才智充分显现，真正成为企业的核心领导者。

（二）高管人员的使用与退出制度设计

企业高级管理人员会产生道德风险，除了因为人性本身有弱点外，还有企业制度本身存在缺陷的原因。对企业高级管理人员缺乏有效的激励与约束，使得他们能有机会利用手中掌握的权力，谋求个人利益，做出危害企业的事情。

在个人要素方面，主要防范的是高级管理人员的道德风险和能力风险。例如，从心理素质、知识水平、个人能力、身体素质等方面入手，探寻高级管理人员是否具备领导企业的能力和素质，是否会因为个人知识、能力问题引发人事风险。

在制度要素方面，主要考察企业制度方面的缺陷，评估企业在产权制度、治理结构、组织结构、管理制度等方面是否科学，是否能够有效地调动企业高级管理者的工作热情，有效监督约束他们的行为，避免因缺乏有效激励和监督约束而导致高级管理人员心态失衡，有机可乘，产生风险。

企业对高管人员的管控，还可通过实施人力资源管理审计、离任审计、经济责任审计等来实现。

人力资源管理审计是企业预防和控制高管人员使用风险和退出风险的最有效机制之一。人力资源管理审计的主要内容包括：第一，检查和评价与人力资源管理有关的内部控制制度的适当性与有效性；第二，利用会计指标和非会计指标判断人力管理信息的可靠性和有效性；第三，对企业人力资源管理者的责任审计，包括企业负责人任期内的人力资源资产的增减变动情况，任期内人力资源资产有关增长指标的完成情况，人力资源资产的利用情况等；第四，人力资源管理效益审计。

另外，企业高管人员（尤其是第一责任人）离职前，应当根据有关法律、法规的规定进行工作交接或离任审计。

（三）技术人员的引进和开发控制制度设计

该阶段的控制措施主要有：树立尊重知识、尊重人才的企业文化；建立合理的人才团队，形成人才队伍梯队；建立良好的专业人才激励约束机制等。

（四）技术人员的使用与退出制度设计

对于掌握或涉及产品技术、市场、管理等方面关键技术、知识产权、商业秘密或国家机密的工作岗位上的员工，企业要按照国家有关法律、法规并结合企业实际情况，建立健全相关规章制度，加强日常管理，并与退出的技术人员约定相关保密责任和竞业限制期限，防止其泄露企业的核心技术、商业秘密和国家机密等。

（五）一般员工的引进和开发控制制度设计

一般人员的流动性大，招聘的一般人员数量较多，所处岗位的物质待遇相对较低。因此，在企业内部要弘扬和确立尊重知识、尊重人才的文化氛围；重视岗位练兵和现场管理工作，鼓励基层员工钻研业务，开展现场管理和挖潜活动，树立"工人专家"的典型；客观开展岗位评价工作，更重要的是，打通不同级别岗位之间的晋升通道，在员工和岗位之间形成科学有序的良性流动机制。

（六）一般员工的使用与退出制度设计

对于一般员工，首先，要建立符合企业发展战略的薪酬制度与激励制度，激发劳动者的工作积极性；其次，要建立科学合理的人才晋升机制，对于具备足够忠诚度和业务能力的员工，向其提供走向管理层的机会。一般员工退出企业时，企业要向其支付与其劳动价值匹配的薪酬，尤其是对于需要辞退的员工，还要给予充分的理由，避免不必要的法律诉讼风险。

第四节　社会责任

一、社会责任制度概述

（一）企业社会责任的定义

企业社会责任，是指企业在经营发展过程中应当履行的社会职责和义务，主要包括安全生产、产品质量（含服务）、环境保护、资源节约、促进就业、员工权益保护等。

（二）企业履行社会责任的意义

1. 企业是在价值创造过程中履行社会责任

通过价值创造，不断通过税收、红利、工资和产品等形式为国家、股东、员工以及消费者提供财富，其本质就是在履行社会责任。

2. 履行社会责任可以提高企业的经济效益

企业承担社会责任，并不必然导致企业竞争力的削弱，反而会有助于改善企业形象、吸引更多的客户及强化企业的经济效益。可见，企业将履行社会责任融入产品之中会为企业带来额外的收益。

3. 履行社会责任可以实现企业的可持续发展

社会责任的履行可以帮助企业规避监管等风险，赢得品牌和声誉，赢得公信力和商机，得到社会尊敬的企业才能进入良性发展的轨道，实现企业价值最大化目标，这也是实现可持续、长远发展的根本所在。

（三）企业履行社会责任应关注的主要风险

企业至少应当关注在履行社会责任方面的下列风险：

第一，安全生产措施不到位，责任不落实，可能导致企业发生安全事故。

第二，产品质量低劣，侵害消费者利益，可能导致企业巨额赔偿、形象受损，甚至破产。

第三，环境保护投入不足，资源耗费大，造成环境污染或资源枯竭，可能导致企业巨额赔偿、缺乏发展后劲，甚至停业。

第四，促进就业和员工权益保护的力度不够，可能导致员工积极性受挫，影响企业发展和社会稳定。

二、社会责任内部控制制度设计

（一）企业高管人员应给予充分重视

企业高管人员尤其是一把手的支持和承诺是企业社会责任管理体系的关键所在，对体系的建立、运行和保持具有十分重要的意义。企业高管人员应当重视履行社会责任，切实做到经济效益与社会效益、短期利益与长远利益、自身发展与社会发展相互协调，实现企业与员工、企业与社会、企业与环境的健康和谐发展。

企业应该积极解决企业负责人无视社会责任的问题，既要在遴选、任命环节严格把关，更应依赖于民主监督、法律制裁，将问题消灭在萌芽期。

（二）企业应建立或完善履行社会责任的体制和运行机制

企业要把履行社会责任融入企业发展战略，落实到生产经营的各个环节，明确归属管理部门，建立健全预算安排，逐步建立和完善企业社会责任统计指标和考核体系，为企业履行社会责任提供坚实的基础与保障。

（三）企业应建立责任危机处理机制

近年来，一系列与人民生活息息相关的企业逃避社会责任事件不断曝光，不少企业相继陷入社会信誉危机。面对危机，有的企业化险为夷，而有的则轰然坍塌。化解危机的关键在于企业有无合理的责任危机处理机制。

企业首先应该建立危机处理责任制度，对于影响企业外部形象和自身发展的突发事件，要在第一时间及时处理，把损失降低到最低限度；对于可能对公众信心、消费者选择产生重大影响的事件，应由单位负责人在媒体上予以说明并致歉；企业内部应保持畅通的沟通渠道，将平时的小问题及时反映、沟通并解决，避免形成大问题。

（四）应建立良好的企业社会责任报告制度

发布社会责任报告，是企业履行社会责任的重要组成部分，可使企业由外而内地深入审视企业与社会的互动关系，全面提高企业服务能力和水平，提高企业的品牌形象和价值。

（五）应着力防范安全生产风险

安全生产要求最大限度地减少劳动者由工伤和职业病所带来的风险，保障劳动者在生产过程中的生命安全和身体健康。在我国，由于企业安全生产的意识非常淡薄，众多生产经营单位的生产安全条件差、安全技术装备陈旧落后、安全投入严重不足、企业负责人和从业人员安全执业素质低、安全管理混乱等原因，致使我国安全生产事故频发。

企业防范安全生产风险的控制措施有：第一，建立安全规章制度；第二，建立安全生产管理机构；第三，落实安全生产责任制；第四，加大安全生产投入，特别是高危行业中的企业，应当将安全生产投入列为首位；第五，组织开展生产设备的经常性维护管理，及时排除安全隐患，切实做到安全生产；第六，加强安全生产教育；第七，实施岗位资格认证制度；第八，建立安全事故应急预警；第九，建立完善安全生产报告机制。

（六）应有效控制产品质量风险

企业产品质量的优劣，事关消费者的身体健康和安全，保证产品质量是企业履行社会责任的一个重要方面。但企业的逐利行为常常成了企业发展的第一要务，忽视消费者权益的情况时有发生。企业如何忠实地履行对产品质量的承诺，真正尊重与维护消费者的权利，是一家企业最基本的道德准则和最重要的社会责任。控制产品质量风险的主要措施有：建立健全产品质量标准体系；严格质量控制和检验制度；加强产品售后服务等。

（七）应切实降低环境保护与资源节约风险

企业环境保护和资源节约方面的风险包括：环境法律、法规、行业政策的限制风险；绿色消费的推崇、绿色贸易壁垒的设置风险；企业所属行业的特点引起的环境风险；生产技术、管理水平的限制引起的环境风险等。

企业在降低环境保护和资源节约风险方面的控制措施包括：第一，转变发展方式，实现清洁生产和循环经济；第二，依靠科技进步和技术创新，着力开发利用可再生资源；第三，建立环境保护和资源节约监测考核体系等。

（八）应切实规避促进就业与员工权益保护风险

企业在促进就业方面的风险主要包括：第一，法律风险；第二，招聘失败风险；第三，人才过剩风险。

降低企业促进就业方面风险的控制措施主要包括：第一，提供公平就业机会；第二，加强对应聘人员的审查。

企业在保护员工合法权益方面的风险主要包括：第一，侵犯员工民主权利的风险；第二，侵犯员工人身权益的风险；第三，薪酬管理风险；第四，员工发展风险等。

企业在促进就业与保护员工合法权益方面的风险控制措施有：第一，提供公平的就业机会；第二，加强对应聘人员的审查；第三，建立完善科学的员工培训和晋升机制；第四，建立科学合理的员工薪酬增长机制；第五，维护员工的身心健康。

（九）应重点管理产学研用结合风险

企业应当按照产学研用相结合的社会需求，积极创建实习基地，大力支持社会有关方面培养、锻炼社会需要的应用型人才。企业在产学研用结合方面的风险可能有：第一，研发风险；第二，市场风险；第三，利益分配风险等。

产学研用结合风险的控制措施有：第一，企业应当重视产学研用结合；第二，确定不同产学研合作方式下的利益分配模式。

（十）应格外关注慈善事业风险

企业应当积极履行社会公益方面的责任和义务，关心帮助社会弱势群体，支持慈善事业。大力推动企业支持社会慈善爱心活动，对于组织调动社会资源、调节贫富差距、缓解社会矛盾、促进社会公平、构建和谐社会具有重要而深远的意义。慈善事业风险的影响主要在于对企业形象负面影响的风险和捐款过度给企业带来的现金短缺风险。

第五节 企业文化

一、企业文化概述

（一）企业文化的定义

企业文化，是指企业在生产经营实践中逐步形成的价值观、经营理念和企业精神，以及在此基础上形成的行为规范的总称。

（二）企业文化建设的意义

企业文化的作用巨大。具体地讲，企业文化建设可以为企业提供精神支柱，可以提升企业的核心竞争力，还可以为内部控制有效性提供有力保证。

（三）企业文化建设应关注的主要风险

加强企业文化建设至少应当关注下列风险：

第一，缺乏积极向上的企业文化，可能导致员工丧失对企业的信心和认同感，使企业缺乏凝聚力和竞争力。

第二，缺乏开拓创新、团队协作和风险意识，可能导致企业发展目标难以实现，影响可持续发展。

第三，缺乏诚实守信的经营理念，可能导致舞弊事件的发生，造成企业损失，影响企业的信誉。

第四，忽视企业间的文化差异和理念冲突，可能导致并购重组失败。

二、企业文化建设的要点

如何打造优秀的企业文化？企业应关注以下几方面：

（一）塑造企业核心价值观

核心价值观是企业在经营过程中坚持不懈、努力使全体员工都必须信奉的信条，体现了企业核心团队的精神，往往也是企业家身体力行并坚守的理念。

核心价值观是企业的灵魂，会渗透到企业行为的各个方面。核心价值观的作用机制为：核心价值观——企业的理念、原则——企业制度——员工的行为。企业文化建设应该以塑造企业核心价值观为主导。企业应当根据发展战略和实际情况，总结优良传统，挖掘文化底蕴，提炼核心价值，确定文化建设的目标和内容，形成企业文化规范，使其构成员工行为守则的重要组成部分。企业的管理者和员工应该始终重视核心价值观的培育、维护、延续和创新。

（二）打造以主业为核心的品牌

打造以主业为核心的品牌，是企业文化建设的重要内容。品牌通常是指能够给企业带来溢价、产生增值的一种无形的资产，其载体是用来和其他竞争者的产品或服务相区分的名称、术语、象征、记号或者设计及其组合。品牌之所以能够增值，主要来自于消费者脑海中形成的关于其载体的印象。品牌价值的核心是信誉，品牌管理的核心是对企业信誉的管理。

（三）充分体现以人为本的理念

"以人为本"是企业文化建设应当信守的重要原则。什么是企业？企业的"企"字，是上"人"下"止"，就是告诉人们，企业无人则止，企业无人不足以兴业。所以，一家企业经营的好坏关键看企业能不能聚人，能不能人尽其才，能不能才尽其用。有灵魂的企业，可以通过核心价值观、企业文化，使每个人充分发挥自己的才能。

（四）强化企业文化建设中的领导责任

董事、监事、经理和其他高级管理人员应当在企业文化建设中发挥主导和垂范作用，以自身的优秀品格和脚踏实地的工作作风，带动影响整个团队，共同营造积极向上的企业文化环境。同时，企业应当促进文化建设在内部各层级的有效沟通，加强企业文化的宣传贯彻，确保全体员工共同遵守。

（五）高度重视并购重组中的文化整合

企业并购，应当特别注重文化整合。要在组织架构设计环节考虑文化整合因素。如果企业并购采用的是吸收合并方式，则必然会遇到各种参与并购企业员工"合并"工作的情况。为防止文化冲突，既要在治理结构层面上强调融合，又要在内部机构设置层级上体现"一家人"的思想，务必防止出现吸收合并方员工与被吸收合并方员工"分拨"的现象。

（六）推进文化创新

没有创新，企业文化建设就没有活力，就无法结出有生命力的硕果。企业文化建设不是静止和一成不变的，必须与时俱进，适应形势变化。为此，企业应当建立企业文化评估制度，明确评估的内容、程序和方法，落实评估责任制，避免企业文化建设流于形式。

第六节　诚信和道德价值观

一、诚信和道德价值观概述

内部控制是由人建立、执行和维护的，人是内部控制有效运行的根本因素。人的道德价值观影响着人的行为。企业员工具有良好的道德标准并形成良好的道德氛围，对控制系统的有效运行非常重要。

员工的诚信和道德价值观是指员工行为的准则，是告诉员工什么行为可接受、什么行为不可接受，以及遇到不正当行为应该采取的行动，主要包括以下内容：

（一）利益冲突

每一个员工都有责任将公司利益放在第一位，避免私人利益与公司利益的冲突。

（二）合法性

公司要承诺在进行业务时是抱着诚实和诚信的原则，并遵循所有适用的法律和规章制度。

（三）及时向指定人员报告或检举揭发违规事项

员工有义务对所发现的关于会计、内部控制或审计等的违反法律、规章制度或行为准则的问题，向道德规范委员会报告，或向披露委员会或审计委员会汇报。发现任何高级管理人员违反法律、规章制度或行为准则，应迅速向道德规范委员会等相关机构报告。对检举人应当建立保密制度，包括匿名保护。

（四）遵守道德准则的责任

明确员工必须遵守道德准则。对违反准则的人员建立惩罚机制，免职甚至解雇。

（五）公司机遇

禁止员工利用公司财产、信息或职位为自己或其他人牟取商业机遇。

（六）保密

机密信息是一家公司最重要的资产之一。公司建立相应政策保护机密信息，包括：第一，属于公司商业性机密的信息；第二，属于非披露协议下的信息。每一个员工在入职后应执行保密协议，保护公司知识产权。员工即使在终止雇用之后，仍然有义务保护公司的机密信息。

（七）公平交易

每一个员工都应该努力去公平对待顾客、供应商、竞争者、公众，并遵循商业道德规范。为了获得或维持业务而进行贿赂、回扣或其他诱惑等都是不允许的。与业务相关，偶尔赠送非政府雇员的价值较低的商业礼物的做法是可以接受的。但在未得到道德委员会事先批准的情况下，赠送礼物或款待政府雇员是不允许的。员工代表公司购买商品应遵循公司的采购政策。

（八）公司资产的保护及恰当使用

每一个员工必须保护公司资产，包括实物资源、资产、所有权、机密信息，排除损失、失窃或误用。任何怀疑的损失、误用或失窃都应该报告给经理或法律部门。公司资产必须用于公司业务，符合公司政策。

（九）全面、公正、正确、及时地理解财务报告及其披露事项

因为公司必须提供完整、公正、及时和可理解的披露报告及文件，并存档或呈交给证监会以及公共传媒，所以，每一个员工都有责任保证会计记录的准确性。管理层必须建立和保持适当的内控，遵循公司已有的会计准则和流程，保证交易记录的完整和准确。禁止干扰或不正当的行为影响公司财务报表审计。要求证实会计记录和报表受控，能够保证准确性。

对于企业来说，首要的工作是建立一套员工能够接受和理解的诚信和道德标准，如道德行为手册。其次是必须让员工理解这些规定（例如：要求所有员工定期签字确认），这是执行的前提条件。最后就是贯彻执行。在公司内传递道德标准的最有效方式是管理层以身作则，员工对于内控的态度通常会效仿他们的领导。另外，对违反准则的员工应予以相应惩罚，建立鼓励员工揭发违规行为的机制，以及对未能汇报违规行为员工的教育培训机

制。对于企业而言，这些都具有特别重要的意义。

二、影响诚信和道德价值观的因素

员工个人可能由于下列因素而卷入不诚实、非法或不道德的行为：

第一，不切实际的业绩目标，特别是短期业绩的压力。例如，为了实现预先设定的利润指标而在财务报告中虚报收入。

第二，将奖金分配与业绩挂钩。例如，错报与业绩考核指标相关的财务信息。

第三，内控制度不存在或无效。例如，敏感业务区域未设立严格的职责分工，这为偷窃公司资产或隐藏不良行为提供了可能。

第四，组织高度分散，可能导致高层管理人员不清楚基层的行为，缺少必要的监管，因此，减少了基层舞弊被发现的机会。

第五，内部审计职能薄弱，没有及时发现和报告不正确的行为。董事会缺少对高层管理人员的客观监管，可能导致管理人员凌驾于内控制度之上。

第六，管理层对不正确行为的惩罚力度不够或不公开，从而失去了应有的威慑力。

第三章 信息、沟通与内部监督

第一节 内部信息传递

一、内部信息传递的定义

内部信息传递使企业内部管理层级之间以报告为载体和形式传递生产经营管理信息的过程。信息在企业内部进行有目的的、及时的、准确的、安全的传递，对贯彻企业发展战略、正确识别生产经营中的风险、及时纠正操作错误、提高决策质量具有重要作用。

二、信息的内涵

信息是对人有用的、能够影响人们行为的数据信息，是数据的含义，是人们对数据的理解，是数据加工后的结果。数据是信息的载体，没有数据便没有信息，因此信息不能单独存在。要想获得信息就要先获得载荷信息的数据，再对其进行加工。将数据加工成信息有时很简单，有时很复杂，有时需要很多数据、经过复杂的加工过程才能得到信息。在一家企业内，一般来说，地位越高的管理者所需要的信息越需要加工和处理。信息还有下面一些特征：

（一）共享性

一方面，同一内容的信息可以在同一时间为多人所用；另一方面，同一内容的信息可以被多次使用，通过传递可实现信息共享。

（二）可传递性

信息是事物存在方式的直接或间接显示。它依附于一定的载荷媒体（声、光、电、磁、语言、表情、文字、数字、符号、图形、图像等）进行呈现、传递和扩散。这些载荷媒体就是我们所说的广义的数据。信息技术极大地扩展了信息的扩散范围，提高了信息的传递速度和共享程度。

（三）可编码性

信息可以用标准符号（如数字、字母等）来表示。在信息社会中将有更多的信息以数字形式表示。它的采集、存储、处理、传输都是数字化的，因此极易识别、转换、传递和接收，也更易于处理。

（四）具有价值

信息是一种资源，同样有其效用和成本。信息的效用表现为，可能为使用者提供新的知识或创造新的价值，可能为使用者的特定决策减少不正确性。信息成本包括收集、输入、处理、存储以及信息形成与传递过程中的全部耗费。

显然，信息的价值取决于效用与成本的关系：

$$信息价值=信息效用-信息成本$$

可见，信息效用越大，信息的价值就越大，而成本越高，信息的价值就越小。另外，信息价值也受信息质量的影响。所谓信息质量是指有用的信息所必须具备的基本品质特性，如相关性、准确性、时效性、简明性、清晰性、可定量性、一致性等。人们总是希望所用信息能够同时达到各项质量特性的最大化，但在现实生活中，这种理想化的境界很难达到，因此，常常需要对上述各项质量特性做出权衡与取舍，必须针对面临的具体问题，决定侧重点，以便最佳地满足对信息的各方面要求。

三、内部信息传递的基本流程

企业的内部控制活动离不开信息的沟通与传递。企业在生产、经营和管理过程中需要不断地、反复地识别、采集、存储、加工和传递各种信息，以使得企业各个层级和各个岗位的人员能够履行企业担负的职责。信息传递是一种方式或几种方式的组合，可以自上而下传递，可以自下而上传递，也可以平行传递。传递的信息以不同形式或载体呈现。内部信息传递流程是根据企业生产经营管理的特点来确定的，其形式千差万别，没有一个最优的方案。一般来说，内部信息传递至少包括两个阶段：一是信息形成阶段，二是信息使用阶段。

以内部报告为例，内部报告形成阶段的起点是报告中指标的建立；根据所确定的报告指标，确定所要搜集和存储的相关信息；对搜集的信息进行加工，以一种美观的和可理解的表现形式组织这些信息，形成内部报告；审核形成的内部报告，如果不符合决策要求，就要重新修订或补充有关信息，直到达到标准为止。

内部报告使用阶段的起点是内部报告向指定位置和使用者的传递；使用者获得内部报告后，要充分地理解和有效地利用其中的信息，以评价业务活动和制定相关决策；与此同时，要定期对企业内部报告的全面性、真实性、及时性、安全性等进行评估，一旦发现不妥之处，要及时地进行调整。

四、内部信息传递的总体要求

根据有效信息的要求，结合信息的特性，企业内部信息传递应该遵循以下基本原则：

（一）及时有效性原则

及时有效性原则是指在信息传递过程中，必须做到在经济业务发生时及时进行数据搜集，尽快进行信息加工，形成有效形式，并尽快传输到指定地点和信息使用者。如果信息未能及时提供，或者及时提供的信息不具有相关性，或者提供的相关信息未被有效利用，就可能导致企业决策延误，经营风险增加，甚至可能使企业较高层次的管理陷入困境，不利于对实际情况进行及时有效的控制和矫正，同时也将大大降低内部报告的决策相关性。及时有效性原则有两重含义：一是收集信息要及时，对企业发生的经济活动应及时在规定期间内进行记录和存储，而不延至下期；二是报送及时，信息资料（如管理报告）应在决策制定时点之前及时报送到指定的信息使用者。如果信息未能及时提供，则可能导致企业决策延误，甚至发生错误决策，增加经营风险，甚至导致企业管理陷入困境。比如，如果各种预算执行信息在企业内不能做到及时传递，那么，企业不能及时有效地对实际生产经营进行控制，产生的偏差也就无法得到及时纠正，这将给企业带来巨大的经营和财务风险。

（二）反馈性原则

反馈性原则是指在信息传递过程中，相同口径的信息能够频繁地往返于信息使用者和信息提供者之间，把决策执行情况的信息及时反馈给信息使用者，帮助信息使用者证实或者修正先前的期望，以便其进一步决策的活动。反馈性原则有两重含义：一是要建立多种渠道，及时获得决策执行情况的反馈信息；二是用户要科学地分析和评价所获得的反馈信息，恰当地调整决策。

（三）预测性原则

预测性原则是指企业传递和使用的经营决策信息需要具备预测性的功能信息。预测性的功能在于提供提高决策水平所需的那种发现差别、分析和解释差别，从而在差别中减少不确定的信息。预测性原则有两重含义：一是提供给使用者的信息不一定就是真实的未来信息，因为未来往往是不确定的；二是预测信息与未来的信息必须有着密切的关联，必须具有符合未来变化趋势的可预测的特征，即具有相关性。要使企业内部传递的信息具备相关性，还要注意排除过多低相关的冗余信息。否则，信息过载不仅会增加信息传递成本，还会耗费管理当局的精力，降低决策效率，影响决策效果。

（四）真实准确性原则

内部传递的信息能否满足使用者的需要，取决于信息是否"真实准确"。真实准确性原则是指企业内部传递的信息符合事件或事物的客观实际，包括范围的真实准确性、内容的真实准确性和标准的真实准确性。虚假或不准确的信息将严重误导信息使用者，甚至导致决策失误，造成巨大的经济损失。内部报告的信息应当与所要表达的现象和状况保持一致，若不能真实反映所计量的经济事项，就不具有可靠性。

真实准确性是信息的生命，也是对整个内部信息传递工作的基本要求。提供真实准确的信息是企业投资者及其他利益相关者做出经济决策的重要依据。如果信息不能真实反映企业的实际情况，不但信息使用者的需求不能满足，甚至还会误导信息使用者，使其做出错误的决策，直接导致其经济利益受到损失。

（五）安全保密性原则

安全保密性原则，又称"内部性原则"，是指内部信息传递的服务对象仅限于内部利益相关者，即企业管理当局，因而具有一定的商业机密特征。企业内部的运营情况、技术水平、财务状况以及有关重大事项等通常涉及商业秘密，内幕信息知情者（包括董事会成员、监事、高级管理人员及其他涉及信息披露有关部门的涉密人员）都负有保密义务。这些内部信息一旦泄露，极有可能导致企业的商业秘密被竞争对手获知，使企业处于被动境地，甚至造成重大损失。这与财务会计信息，尤其是公众公司的财务会计信息不同，公众公司的财务会计信息必须公开和透明，而专供管理当局使用的管理信息则不一定要公开。

（六）成本效益原则

成本效益原则是经济管理活动中广泛适应性的要求，因为任何一项活动，只有当收益大于成本时才是可行的。判断某项信息是否值得传递，首先就必须满足这个约束条件。具体来说，提供信息发生的成本主要包括：搜集、处理、审计、传输信息的成本，对已传递信息的质询进行处理和答复的成本，诉讼成本，因传递过多信息而导致的竞争劣势成本等。提供信息带来的可计量收益包括：增加营业收入、降低人工成本、降低物料成本、改善产品质量、提高生产能力、降低管理费用、提高资金周转率等。提供信息带来的不可计量收益包括：企业流程与系统作业整合性的提高、生产自动化与透明化的提高、需求反应速度的提高、管理决策质量的改善、企业监控力度的加强等。目前，实务操作中的主要问题是，信息传递的成本和收益中有许多项目是难以确切计量的，而且成本也不一定落到享受收益的使用者头上。除了专门为其提供信息的使用者之外，其他使用者也可能享受收益。这一问题的存在决定了成本效益原则至今只能是一种模糊的价值判断。它的真正落实也许只有等到实现有偿使用信息或者实现信息内部转移定价的未来时代了。

五、内部信息传递各环节的主要风险点及控制措施

（一）建立内部报告和指标体系

内部报告仅仅是信息传递的一种形式或载体，决定企业内部信息传递有效性最关键的问题在于报告中承载的信息。企业首先应该理清究竟应该编制哪些内部报告，进而确定各个报告中的指标如何设置。内部报告信息的采集和加工都是由报告中的指标来决定的。因此，内部报告指标的选择，既是内部报告传递的起点，也是决定内部报告质量的基础。内部报告指标体系的科学性直接关系到内部报告信息的价值。企业要根据自身的发展战略、生产经营、风险管理的特点，建立系统的、规范的、多层级的内部报告指标体系。内部报告指标体系中应该包含关键信息指标和辅助信息指标，还要根据企业内部和外部的环境政策，建立指标的调整和完善机制，使指标体系具有动态性和权变性。

内部报告指标体系的设计最重要的依据是企业内部报告使用者的需求，要为具有不同信息使用目的的用户提供诸如生产管理、经营决策、财务管理、业绩评价、风险评估、资源配置等相关决策信息。在建立内部报告指标环节，主要风险点又可以具体细分为以下几

方面：

1. 未以企业战略和管理模式为指导设计内部报告及指标体系

任何企业决策都要以企业总体战略目标为指导和依据，因此，在设计用于决策的内部报告指标时，也必须围绕企业战略。当内部报告指标远离了企业战略或者企业自身没有明确的战略时，内部信息传递就无法实现为企业战略实施提供的服务，企业战略目标也就难以实现了。同时，内部报告的组成和内容还须配合企业内部管理控制的程序和方法，使内部报告更好地为企业管理控制服务。例如，如果企业管理采用的预算管理模式没有预算报告和考核报告，预算管理就不能实施。

2. 内部报告体系或者指标体系不完整或者过于复杂

在构建内部报告体系及其指标体系时，可能出现报告或指标体系不完整，即遗漏重要信息的情况。这样一来，指标不能够全面反映决策需要的信息，导致内部报告对决策的有用性降低；相反，另一种情形就是内部报告数量过多，各个报告中设立的指标过于复杂，使报告使用者难以理解和驾驭，这样也会干扰决策的制定，降低决策质量。

3. 指标体系缺乏调整机制

社会经济发展日新月异，企业的内部和外部环境瞬息万变。如果内部报告指标体系确定后始终一成不变，就很难与生产经营快速变化的环境相适应；当内部报告指标不适应企业决策信息的要求时，其价值也就丧失了。

4. 指标信息难以获得或者成本过高

有些企业内部报告指标只能在理论上讲得通，但是，在实际操作中，其指标所需信息的辨认和采集工作难度很大，成本很高。那么，根据内部信息传递的可用性和成本效益原则，这样的指标就不应该设置，否则将降低内部信息传递的效率和效果。

（二）搜集整理内外部信息

企业各种决策的制定离不开各种来源的信息的支持。企业需要根据内部报告指标，搜集和整理各种信息，以便企业随时掌握有关市场状况、竞争情况、政策变化及环境的变化，保证企业发展战略和经营目标的实现。在搜集整理内外部信息的过程中，主要风险点又可以具体细分为以下几方面：

1. 搜集的内外部信息不足或者过多

在搜集信息的过程中，由于某些原因，未能搜集或者未能及时搜集到反映经济活动的信息，就会造成无法决策或者决策拖延；有些时候，由于企业信息的来源过多，如行业协会组织、社会中介机构、业务往来单位、市场调查、来信来访、网络媒体、政府监管部门、会计账簿、经营管理资料、调研报告、专项信息、内部刊物、办公网络等渠道都会获得成千上万的各种信息，这就可能导致信息冗余。信息过多不但增加了信息处理的成本，也降低了总体信息的相关性，同样会干扰决策。

2. 信息内容不准确

目前，企业内外部各种信息的来源复杂，有些信息的准确性无法保证。此外，信息在搜集和录入过程中，可能由于人为破坏或者操纵疏忽而产生错误信息。决策者如果根据不准确的信息进行决策，很可能导致决策错误。

3. 信息搜集和整理成本过高

成本效益原则是信息搜集的约束条件。某一信息的搜集成本过高时，超过了其带来的收益，就会使企业"得不偿失"，生产和传输该信息就失去了意义。

（三）编制及审核内部报告

企业各职能部门应将收集的有关资料进行筛选、抽取，然后根据各管理层级对内部报告的需求和先前制定的内部报告指标建立各种分析模型，提取有效数据，进行汇总、分析，形成结论，并提出相应的建议，从而对生产经营活动、资源配置效率、战略执行情况等提供信息反馈，对企业的发展规划、前景预测等提供重要的分析和指导，为企业的效益分析、业务拓展提供有力的决策支持。因报告类型不同、反映的信息特点不同，企业内部报告的格式不尽一致。但是，编制内部报告的总体原则就是信息要完整，内容要与决策相关，表述要能够便于使用者理解。一般情况下，企业内部报告应当包括报告名、编号、执行范围、内容、起草或制定部门、报送和抄送部门、时效要求等。此外，编制完成的内部报告要经过有关部门和人员的审核。只有通过审核的内部报告，才能进行传递。审核不合格的报告，要发回编制单位，分析原因，进行修订。在编制及审核内部报告的过程中，主要风险点又可以具体细分为以下几方面：

1. 内部报告内容不完整或难以理解

内部报告的内容要根据事先设置的指标来编制。但是，由于指标计量的信息未能取得或者信息不符合分析模型的要求而无法得出结论，则会导致内部报告的内容缺失。内部报告内容不完整，将降低信息的相关性和可靠性，直接影响对决策的支持程度。另外，由于内部报告制作者的经验和水平的局限，形成的内部报告还可能由于内容表述含糊不清、抽象晦涩，或者与使用者的知识背景不符，导致报告使用者对报告内容难以理解。这样，也会降低内部报告的使用价值。

2. 内部报告编制不及时

按照编制的时间不同，内部报告分为定期报告和非定期报告两大类。非定期报告包括异常事件报告、临时查询报告和按照使用者某种特定要求提供的非常规报告等。定期报告应在每个报告周期结束后、在指定的时点前编制完成。非定期报告中的异常事件报告应在事件发生后最短的时间内完成，临时查询报告和非常规报告应在相关的决策需要制定的时间之前完成缺乏及时性的内部报告，不能及时反馈信息，无法支持决策，也就失去了其存在的价值。

3. 未经审核即向有关部门传递

内部报告编制完成后，要经过一个独立于报告编制岗位的审核。如果没有对内部报告进行审核，就不能及时发现内部报告中由于人为故意或者疏忽造成的错误，也就无法保证内部报告的质量。

（四）内部报告传递

内部报告中的信息多为企业内部生产经营管理信息，涉及企业的商业秘密。因此，内部报告在传递过程中需要有严密的流程和安全的渠道。一方面，为了提高信息的共享性和利用程度，企业应当充分利用信息技术，强化内部报告信息的集成和共享，拓宽内部报告的传递渠道；另一方面，信息技术广泛和深入的应用也增加了信息非法传递、使用和披露的风险。在内部报告传递的过程中，主要风险点又可以具体细分为以下几方面：

1. 缺乏内部报告传递规范流程

内部报告涉及企业的重要信息，对企业内部控制和管理决策具有重大的影响。由于企业信息系统的快速发展，企业需要编制和传递越来越多的内部报告，同时，也有越来越多的企业利益相关者使用内部报告。如果企业缺乏规范和完善的内部报告传递制度，或者内部报告传递具有较大的随意性，则内部报告在传递过程中就会面临较大风险，其完整性、真实性、及时性和可靠性均无法得到保证。

2. 内部报告误传递或丢失

内部报告在传递过程中，由于人为故意或者疏忽，可能出现内部报告错误传递，包括传递时间错误、传递地点错误、接收人错误等，甚至可能出现内部报告在传递中丢失的情况。这样会给企业的信息安全带来巨大威胁。

3. 内部报告传递系统中断

信息技术在企业信息系统广泛应用，从而 IT 技术在信息传递中具有举足轻重的作用。企业在得益于计算机、数据库和网络带来的信息快速传递的好处的同时，也往往会遭受因为系统的各种故障而导致的信息系统中断，进而无法及时使用和传递系统中的重要信息，影响相关决策的制定。

（五）内部报告的使用和保管

对于内部报告的使用，要做到有效使用和安全使用。内部报告有效使用是要求企业各级管理人员应当充分利用内部报告进行有效决策，管理和指导企业的日常生产经营活动，及时反映全面预算的执行情况，协调企业内部相关部门和各单位的运营进度，严格地进行绩效考核和责任追究，以确保企业实现发展战略和经营目标。企业应当有效利用内部报告进行风险评估，准确识别和系统分析企业生产经营活动中的内外部风险，确定风险应对策略，以实现对风险的有效控制。在内部报告使用的过程中，主要风险点又可以具体细分为以下几方面：

1. 企业管理层在决策时没有使用内部报告提供的信息

良好的内部报告设计会给企业管理层的决策予以信息方面的支持，然而，如果内部报告在设计上没有体现决策者的需求，或者内部报告的表述不能够为决策者所理解，那么决策者就会放弃对内部报告的利用。

2. 商业秘密通过企业内部报告被泄露

如果企业没有建立和实施内部报告的保密制度，内部报告的使用者在使用过程中没有对内部报告进行妥善保管，就可能导致企业的重要信息和机密信息在这一过程中被泄露，严重时，可能导致企业面临巨大的经济损失，甚至要为此承担法律责任。

（六）内部报告的评估

随着企业内外部环境的不断变化，企业的内部报告体系和内部报告传递机制的适用性可能改变。企业应当对内部报告体系是否合理、完整，内部信息传递是否及时、有效，进行定期的评估。经过评估发现内部报告及其传递存在缺陷的，企业应当及时进行修订和完善，确保内部报告提供的信息及时、有效。在内部报告评估的过程中，主要风险点又可以具体细分为以下几方面：

1. 企业缺乏完善的内部报告评估机制

内部报告及其指标体系和传递机制的构建，是需要与相应的环境相适应的。如果企业内外部环境发生变化，而内部报告的内容和传递方式没有随之调整的话，内部报告的作用就会大打折扣，甚至丧失。如果企业缺乏完善内部报告评估机制，就不能定期且有效地对内部报告进行全面评估，这将大大影响企业内部报告的有效性和经济价值。

2. 未能根据评估结果对内部报告体系及其传递机制进行及时调整

企业定期对其内部报告系统及其传递机制进行评估后，如果没有及时地调整那些在评估中被认为已经不合时宜的内部报告、控制指标和传递制度，那么内部报告就无法保持其有效性和经济价值。

第二节　信息系统

一、信息系统的定义

信息系统是指企业利用计算机和通信技术，对内部控制进行集成、转化和提升所形成的信息化管理平台。

二、信息系统的生命周期

信息系统的生命周期一般要经过信息系统规划期、信息系统开发期和信息系统运行与维护期三个主要阶段。

结构化系统分析与设计方法是迄今为止应用最普遍、最成熟的一种信息系统建构方法。这种方法的基本思想是：采用系统工程的思想和工程化的做法，按用户需求至上的原则，结构化、模块化、自顶向下地对系统进行分析与设计。具体来讲，结构化系统分析与设计方法就是将整个信息系统开发过程按照时间顺序划分出若干个相对独立的阶段。信息系统建构各个阶段的主要工作如下：

（一）信息系统规划期

在信息系统规划期，主要应该考虑实现企业发展战略向信息化流程的转变。因此，需要将信息系统战略规划的管理控制作为出发点，分析企业流程，研究信息技术的发展趋势，实现信息系统战略规划与企业发展战略的匹配，并由此制定信息系统管理、业务和技术三个方面的规范。同时，信息系统管理部门与企业各个层面的管理者、业务部门和最终用户要进行充分的沟通，以实现业务需求向信息化流程的转移在此基础上，根据信息系统规划进行项目立项和可行性研究，以确定信息系统建设方案。信息系统规划时期包括战略规划和项目计划。

战略规划通常将完整的信息系统分成若干子系统，并分阶段建设不同的子系统。比如，制造企业可以将信息系统划分为财务管理系统、人力资源管理系统、MRP（销售、采购、库存、生产）系统、计算机辅助设计和制造系统、客户关系系统、电子商务系统等若干子系统。项目就是指本阶段需要建设的相对独立的一个或多个子系统。

项目计划通常包括项目范围说明、项目进度计划、项目质量计划、项目资源计划、项目沟通计划、风险对策计划、项目采购计划、需求变更控制、配置管理计划等内容。项目计划不是完全静止、一成不变的。在项目启动阶段，可以先制订一个较为原则的项目计划，确定项目主要内容和重大事项，然后根据项目的大小和性质以及项目进展情况进行调整、充实和完善。

（二）信息系统开发期

信息系统开发期的任务是完成软件的设计和实现，具体包括系统分析阶段、系统设计阶段、系统实施阶段三个阶段。

1. 系统分析阶段

系统分析又称为用户需求分析。需求分析的目的是明确信息系统需要实现哪些功能。该项工作是系统分析人员和用户单位的管理人员、业务人员在深入调查的基础上，详细描述业务活动涉及的各项工作以及用户的各种需求，从而建立未来目标系统的逻辑模型。

2. 系统设计阶段

系统设计是根据系统分析阶段所确定的目标系统逻辑模型，设计出一个能在企业特定的计算机和网络环境中实现的方案，即建立信息系统的物理模型。系统设计包括总体设计和详细设计。总体设计的主要任务是：第一，设计系统的模块结构，合理划分子系统边界和接口。第二，选择系统实现的技术路线，确定系统的技术架构，明确系统重要组件的内容和行为特征，以及组件之间、组件与环境之间的接口关系。第三，数据库设计，包括主要的数据库表结构设计、存储设计、数据权限和加密设计等。第四，设计系统的网络拓扑结构、系统部署方式等。详细设计的主要任务包括：程序说明书编制、数据编码规范设计、输入输出界面设计等内容。

3. 系统实施阶段

系统实施阶段是编程和测试阶段。这个阶段的任务包括计算机等设备的购置、安装和调试、程序的编写与调试、人员培训、数据文件转换、系统调试与转换等编程阶段是将详细设计方案转换成某种计算机编程语言的过程。编程阶段完成之后，要进行测试，测试主要有以下目的：一是发现软件开发过程中的错误，分析错误的性质，确定错误的位置并予以纠正；二是通过某些系统测试，了解系统的响应时间、事务处理吞吐量、载荷能力、失效恢复能力以及系统实用性等指标，以便对整个系统做出综合评价。测试环节在系统开发中具有举足轻重的地位。在系统测试中，往往只能测试有限的程序，无法发现"潜伏"其中的危险程序。曾有程序设计员在设计系统程序时加了一条"当他工资为 0 或工资单上他的名字被注销时，就删除所有的系统数据"的语段。几年后，当该程序员被解雇时，系统遭到了致命性的破坏。

（三）信息系统运行与维护期

系统投入运行后，需要经常进行维护和评价，记录系统的运行情况，根据一定的标准对系统进行必要的修改，评价系统的工作质量和经济效益，信息系统的运行与维护主要包含三方面的内容：日常运行维护、系统变更和安全管理。

在信息系统开发的过程中，每一阶段有其独立的任务和成果，每一阶段使用规定的方法和工具，编制出阶段文档（阶段文档是阶段之间的管理控制点，需要经过正式的管理检验才能进入下一阶段工作；各阶段形成的文档资料共同构成了关于系统开发生命周期整体质量的审计证据）。前一阶段是后一阶段的基础和指导，只有完成了前一阶段的任务，才能进入下一阶段，不能跨越阶段。每个阶段完成后，都要进行复查。如果发现问题，要停止前行，沿着所经历的阶段返回。在实践中，上述开发阶段会被分解成若干子阶段，每个子阶段还能够往下被分解为特定开发工程更为详细的活动。

三、信息系统的开发方式

信息系统的开发建设是信息系统生命周期中技术难度最大的环节。在开发建设环节，要将企业的业务流程、内控措施、权限配置、预警指标、核算方法等固化到信息系统中。因此开发建设的好坏直接影响信息系统的成败。

开发建设主要有自行开发、外购调试、业务外包等方式。各种开发方式有其各自的优缺点和适用条件，企业应根据自身实际情况合理选择。

（一）自行开发

自行开发就是企业依托自身力量完成整个开发过程。其优点是开发人员熟悉企业情况，可以较好地满足本企业的需求，尤其是具有特殊性的业务需求。通过自行开发，还可以培养、锻炼自己的开发队伍，便于后期的运行和维护。其缺点是开发周期较长、技术水平和规范程度较难保证，成功率相对较低。因此，自行开发方式的适用条件通常是企业自身技术力量雄厚，而且市场上没有能够满足企业需求的成熟的商品化软件和解决方案。百度的搜索引擎系统就偏重于自行开发。

（二）外购调试

外购调试的基本做法是企业购买成熟的商品化软件，通过参数配置和二次开发满足企业需求。其优点是：开发建设周期短；成功率较高；成熟的商品化软件质量稳定，可靠性高；专业的软件提供商具有丰富的实施经验。其缺点是：难以满足企业的特殊需求；系统的后期升级进度受制于商品化软件供应商产品更新换代的速度，企业自主权不强，较为被动。外购调试方式的适用条件通常是企业的特殊需求较少，市场上已有成熟的商品化软件和系统实施方案。大部分企业的财务管理系统、ERP 系统、人力资源管理系统等多采用外购调试方式。

（三）业务外包

由于信息系统更新换代的周期短，信息系统工作人员的流动性高，人工费用与设备维修费用十分昂贵，因此，近年来在先进的发达国家出现了利用外包信息系统资源的方法，简称"外包"。外包指组织只专注于自己的特定业务，而将相关的信息系统业务承包给外部的信息服务机构。通过外包，企业可以提高对信息技术、信息人才的利用效率，显著降低信息系统的运营成本，使企业可以将自己的力量集中于其核心竞争优势方面，更加集中于实现企业的战略目标。

信息系统的业务外包是指委托其他单位开发信息系统，其基本做法是企业将信息系统开发项目外包出去，由专业公司或科研机构负责开发、安装实施，企业直接使用。其优点是：企业可以充分利用专业公司的专业优势，量体裁衣，构建全面、高效和满足企业需求的个性化系统；企业不必培养、维持庞大的开发队伍，相应节约了人力资源成本。其缺点是：沟通成本高，系统开发方难以深刻理解企业需求，可能导致开发出的信息系统与企业的期望有较大偏差；同时，由于外包信息系统与系统开发方的专业技能、职业道德和敬业精神存在密切关系，也要求企业必须加大对外包项目的监督力度。但是外包信息系统也可能泄露企业机密信息。业务外包方式的适用条件通常是市场上没有能够满足企业需求的成熟的商品化软件和解决方案，企业自身技术力量薄弱，或出于成本效益原则考虑不愿意维持庞大的开发队伍。

四、信息技术过程控制体系

由于企业的运营过程跟信息技术（IT）是分不开的，实务界越来越认识到保持 IT 严谨的独立性、由 IT 创造价值及传递其价值的重要性，所以，产生了法规遵从的需要及有效控制风险从而获益的需要。为了帮助企业成功地把自己的企业和 IT 目标结合起来，以应对今日的企业挑战，国际信息系统审计与控制协会（ISACA）提出《信息和相关技术的控制目标》（COBIT）。COBIT 是一个基于 IT 治理概念的、面向 IT 建设过程中的 IT 治理实现指南和审计标准，被认为是 COSO 框架的补充框架。COBIT 的目标是为信息系统设计提供具有高度可靠性和可操作性的、公认的信息安全和控制评价标准。

建立信息系统的内部控制程序和政策应以 COBIT 框架的 37 项作业步骤作为控制流程主线，针对各步骤的作业内容、控制目标和固有风险，选择 COSO 报告中的相应控制要素及控制要点，共同构成本环节的相应控制政策。COBIT 将 IT 过程、IT 资源及信息与企业的决策与目标联系起来，形成一个三维的体系结构。

COBIT 最初被管理者看作由 IT 控制的最佳实践组成的一个基准工具，因为用它可以弥合控制要求、技术问题和企业风险三者间的缺口。由于 COBIT 对控制的强有力关注，内外部审计师均将其应用于财务报告审计、经营和合规审计之中。因此，在"信息系统主要风险点分析"和"信息系统关键控制措施设计"中，主要应参考 COBIT 框架提供的基于风险的 IT 控制基准工具和最佳实践。

五、信息系统开发的主要风险点及其控制措施

信息系统内部控制的目标是促进企业有效实施内部控制，提高企业现代化管理水平，减少人为操纵因素；同时，增强信息系统的安全性、可靠性和合理性以及相关信息的保密性、完整性和可用性，为建立有效的信息与沟通机制提供支持和保障。

企业信息系统内部控制以及利用信息系统实施内部控制也面临诸多风险。为了达到信

息系统的内部控制目标，至少应当关注下列主要风险：第一，信息系统缺乏或规划不合理，可能造成信息孤岛或重复建设，导致企业经营管理效率低下；第二，系统开发不符合内部控制要求，授权管理不当，可能导致无法利用信息技术实施有效控制；第三，系统运行维护和安全措施不到位，可能导致信息泄露或毁损，系统无法正常运行。这三种主要风险分别针对信息系统生命周期的信息系统规划期、信息系统开发期和信息系统运行与维护期三个主要阶段。

（一）信息系统开发的主要风险点

1. 信息系统规划期的主要风险点

信息系统战略规划是信息化建设的起点。战略规划是以企业发展战略为依据制定的企业信息化建设的全局性、长期性规划。制定信息系统战略规划的主要风险是：①信息系统规划风险，即缺乏战略规划或规划不合理，可能造成信息孤岛或重复建设，导致企业经营管理效率低下；②信息技术无法有效满足业务需求的风险，即没有将信息化与企业业务需求结合，降低了信息系统的应用价值。

（1）信息系统规划风险

企业的信息系统规划应该服从于企业总体战略规划，为企业总体战略规划服务。只有满足"战略、组织、技术"三项特征，把信息系统规划作为常规工作，才能把企业的信息化建设推进到一个更高的"战略、组织、技术"层次和水平。

在信息化初始阶段，企业通常借助计算机去满足手工状态下内部控制和信息处理的要求，很少顾及，甚至基本没有顾及信息技术本身的特性，由此产生诸多"信息孤岛"，而某一控制所需要的信息可能部分来自于会计信息系统，也可能部分来自于其他不同的信息系统。这使得很多企业在管理现代化后并没有赢得任何控制的优势。根据统计，信息系统应用中存在的最大问题就是"信息孤岛"问题。由于现有的信息系统（如 ERP）多是分功能模块进行设计的。企业信息化的过程通常是先上几个功能模块，再接着慢慢补充其他模块。同一数据多次重复录入，部门间相互分割，各自为政，"数出多门"，加大了业务部门的工作量与出错率。同时，信息传递设备大部分是很多用户一起使用的，也就存在着传递的信息被窃取、篡改的风险。这些都容易导致员工无法及时获取信息，或获取的是不一致信息，从而不能实现整个企业的有效沟通。

信息孤岛现象是不少企业信息系统建设中存在的普遍问题。其根源在于，这些企业往往忽视战略规划的重要性，缺乏整体观念和整合意识，常常陷于头痛医头、脚痛医脚的状态。这就导致有的企业财务管理信息系统、销售管理信息系统、生产管理信息系统、人力资源管理系统、办公自动化系统等各自为政、孤立存在的现象，削弱了信息系统的协同效用，甚至引发系统冲突。在实践中，对项目定义不充分是信息系统失败的最重要的原因之一。在任何一个信息系统或者遗留系统的开发和实施过程中，对项目计划的明确定义是信息系统成功的一个关键要素。由于遗留系统是一个松散耦合的信息系统，因此对项目的拙劣定义只会影响一些功能性领域。但是，在一个集成的信息系统中，对项目的定义不充分明确会影响整个企业。很多企业没有考虑商业目标、实施战略、系统架构、技术需求、成本等就盲目采纳信息技术（IT）。由于缺乏把信息系统与商业战略集成起来的、内在一致的实施战略而导致信息系统失败。

（2）IT 系统架构风险和信息技术无法有效满足业务需求的风险

信息系统的架构非常重要。IT 系统架构不能迅速改变，或者不能被有效地管理，会导致无法支持快速变化的商业模式。

当前 IT 系统越来越多地对业务经营活动进行自动化处理，这就需要 IT 提供必要数量的控制程序。如果内部控制呈现的是独立于业务活动、事后反映和检查性特征，而不能与业务活动融为一体，呈现过程监督和预防性特征，则会导致信息技术无法有效满足业务需求的风险。

2. 信息系统自行开发方式的主要风险点

虽然信息系统的开发方式有自行开发、外购调试、业务外包等多种方式，但基本流程大体相似，通常包含项目计划、系统分析、系统设计、编程和测试、上线等环节。

（1）项目计划环节

项目计划环节的主要风险是：信息系统建设缺乏项目计划或者计划不当，导致项目进度滞后、费用超支、质量低下。

（2）系统分析环节

系统分析环节主要存在可行性研究的风险和需求分析的风险。可行性研究要考虑新的系统对企业原来的管理模式的影响及员工素质的差异。系统分析主要应考虑企业的内部控制节点，如考虑不当将会带来巨大的损失。

系统分析环节的主要风险是：第一，需求本身不合理，对信息系统提出的功能、性能、安全性等方面的要求不符合业务处理和控制的需要；第二，技术上不可行、经济上成本效益倒挂，或与国家有关法规制度存在冲突；第三，需求文档表述不准确、不完整，未能真实、全面地表达企业需求，存在表述缺失、表述不一致甚至表述错误等问题。

（3）系统设计环节

系统在设计环节要保证其规范性和适应性。系统设计环节的主要风险是：第一，设计方案不能完全满足用户需求，不能实现需求文档规定的目标；第二，设计方案未能有效控制建设开发成本，不能保证建设质量和进度；第三，设计方案不全面，导致后续变更频繁；第四，设计方案没有考虑信息系统建成后对企业内部控制的影响，导致系统运行后衍生新的风险。

（4）编程和测试环节

这一环节的主要风险是：第一，编程结果与设计不符。第二，各程序员编程风格差异大，程序可读性差，导致后期维护困难，维护成本高。第三，缺乏有效的程序版本控制，导致重复修改或修改不一致等问题。第四，测试不充分。单个模块正常运行但多个模块集成运行时出错，开发环境下测试正常而生产环境下运行出错，开发人员自测正常而业务部门用户使用时出错，导致系统上线后可能出现严重问题。

（5）上线环节

系统上线是将开发出的系统（可执行的程序和关联的数据）部署到实际运行的计算机环境中，使信息系统按照既定的用户需求来运转，切实发挥信息系统的作用。这一环节的主要风险是：第一，缺乏完整可行的上线计划，导致系统上线混乱无序；第二，人员培训不足，不能正确使用系统，导致业务处理错误，或者未能充分利用系统功能，导致开发成本浪费；第三，初始数据准备设置不合格，导致新旧系统数据不一致、业务处理错误。

3. 其他开发方式的主要风险点

（1）业务外包方式的主要风险点

在实践中，由于缺乏 IT 外包管理经验，许多信息系统外包项目由于对风险控制的不善而导致外包失败。一般来说，风险是指损失发生的不确定性。它是不利事件或损失发生的概率及其后果的关联函数。信息系统外包风险是由许多不确定因素造成的，那么，信息系统外包风险系数究竟有多大呢？国内暂时还没有详尽的数据。不过，关于信息系统外包服务的成功率可以作为参考。信息系统外包不仅仅是一个成本决策，也是有效管理风险的战略决策，企业在进行信息系统外包时，必须正确地评估并努力控制信息系统外包风险。

要实施业务外包，首先要考虑的是外包策略问题。只有制定了合理的外包策略，才能判断外包工作是否有效，是否实现了外包的预期目标。通常有三个策略可供选择：降低成本、高质量的服务、变革与创新。企图在一个外包合同中同时实现多个指标的大幅改善是不可能的，根据企业实际情况制定合理的外包策略，是信息化战略或信息化规划的重要内容。

信息系统外包具有提升核心竞争力、降低管理成本等收益，但也造成了对承包方的事实依赖性，使企业在制定新的经营管理决策时受制于承包方的 IT 配合程度及 IT 完成能力。此外，随着合作时间的延长，企业对承包方提供服务的依赖程度不断加大，受其 IT 服务质量的影响也逐渐增强，会降低企业信息系统管理的自主性和灵活性。

因此，对于企业和 CIO 而言，必须划清企业的核心业务及可以外包的信息系统范围，避免核心信息系统竞争力随外包流失。企业在制定信息系统外包战略时要确定合适的外包业务，如将附加值较低、成本较高的非核心信息系统业务外包，从而既能获得信息系统外包带来的好处，又能降低对承包方的依赖性风险。因此，确定合适的信息系统外包业务范围是规避风险的第一步。信息系统外包必须首先保证企业的核心技术和信息足够安全，其次才是通过外包能降低内部信息系统成本。假如不能达到这些目标，则企业在当前阶段就不宜采用外包策略，否则外包带来的风险大于成功的概率，不能盲目追求"为外包而外包"。

在业务外包方式中，也存在不少风险，其中最大的风险就是失控。执行降低成本策略，但在实际运行过程中成本可能没降；执行服务质量提高策略，但实际上质量不仅没有提高，反而还下降了。这就是失控的风险。业务外包各个环节中的主要风险如下：

①选择外包服务商

这一环节的主要风险是：由于企业与外包服务商之间本质上是一种委托—代理关系，合作双方的信息不对称容易诱发道德风险，外包服务商可能实施损害企业利益的自利行为，如偷工减料、放松管理、信息泄密等。

怎么找到好的外包商？对于甲方来说，在预算范围内，当然成本越低越好这是一个比较模糊的说法，更为重要的是，企业一定要知道软件开发这个行业的特点。软件开发采购的是人力资源，而不是一个现成的产品（比如杯子、笔记本等产品），采购的是一个要经过人力劳动才能形成的成果。从这个角度来看，软件外包商的规范程度是考核的一个重要标准。如果一家企业做得比较规范，则可以认为其更可信。另外要看这个团队的经验怎么样。即使开发商的名气很大，但对一个具体的客户来说，也可能不能配备专业的开发队伍。至于价格，当然是越低越好，但不是要考虑的第一要素。如果把价格作为第一要素来看待，那么对企业来说是有风险的。如果项目失败的话，会损失很多的机会成本。

②签订外包合同

这一环节的主要风险是：由于合同条款不准确、不完善，可能导致企业的正当权益无法得到有效保障。

③持续跟踪评价外包服务商的服务过程

这一环节的主要风险是：企业缺乏外包服务跟踪评价机制或跟踪评价不到位，可能导致外包服务质量水平不能满足企业信息系统开发需求。

（2）外购调试方式的主要风险点

①选择软件产品选型和供应商

在外购调试方式下，软件供应商的选择和软件产品的选型是密切相关的。这一环节的主要风险是：第一，软件产品选型不当，产品在功能、性能、易用性等方面无法满足企业需求；第二，软件供应商选择不当，产品的支持服务能力不足，产品的后续升级缺乏保障。

②选择服务提供商

大型企业管理信息系统（例如 ERP 系统）的外购实施不仅需要选择合适的软件供应商和软件产品，也需要选择合适的咨询公司等服务提供商，以指导企业将通用软件产品与本企业的实际情况有机结合，这一环节的主要风险是：服务提供商选择不当，削弱了外购软件产品功能的发挥，导致无法有效地满足用户需求。

（二）信息系统开发的关键控制措施

1. 系统规划

为了规避信息系统面临的重要风险，企业利用信息系统实施内部控制时应当从以下三个方面入手：第一，企业必须制订信息系统开发的战略规划和中长期发展计划，并在每年制订经营计划的同时制订年度信息系统建设计划，促进经营管理活动与信息系统的协调统一；第二，企业在制定信息化战略过程中，要充分调动和发挥信息系统归口管理部门与业务部门的积极性，使各部门广泛参与、充分沟通，提高战略规划的科学性、前瞻性和适应性；第三，信息系统战略规划要与企业的组织架构、业务范围、地域分布、技术能力等相匹配，避免相互脱节。

为了确保信息系统的商业价值和投资回报，满足最终用户期望，进而提高业务盈利能力，须通过信息系统投资预算管理，持续地改进信息系统的成本。有效性信息系统投资预算管理的内容包括：预测并分配预算；根据预测，测量并评价业务价值。

2. 自行开发

随着企业信息化的不断深入，信息系统已经成为企业提供有竞争力的产品和服务的一项基础设施。因此，在自行开发时，为保证信息系统的有效运行，必须全力做好信息系统的管理控制工作。CIO 应通过下列手段对信息系统进行管理控制：第一，规划，建立一个组织的信息系统的目标；第二，组织，筹集、分配实现目标所需的人、财、物资源；第三，控制，对信息系统实施总体控制，如确定系统所需费用、分析系统可创造价值、控制系统人员的业务活动。

（1）项目计划环节

针对项目计划环节的主要风险，应该采取以下措施：第一，企业应当根据信息系统建设整体规划提出分阶段项目的建设方案，明确建设目标、人员配备、职责分工、经费保障和进度安排等相关内容，按照规定的权限和程序审批后实施。第二，企业可以采用标准的项目管理软件制订项目计划，并加以跟踪。在关键环节进行阶段性评审，以保证过程可控。

（2）系统分析环节

针对系统分析环节的主要风险，应该采取如下控制措施：第一，信息系统归口管理部门应当组织企业内部各有关部门提出开发需求，加强系统分析人员和有关部门的管理人员、业务人员的交流，经综合分析提炼后形成合理的需求。第二，编制表述清晰、表达准确的需求文档。需求文档是业务人员和技术人员共同理解信息系统的桥梁，必须准确表述系统建设的目标、功能和要求。

（3）系统设计环节

针对系统设计环节的主要风险，应该采取的控制措施有：第一，系统设计负责部门应当就总体设计方案与业务部门进行沟通和讨论，说明方案对用户需求的覆盖情况；存在备选方案的，应当详细说明各方案在成本、建设时间和用户需求响应上的差异；信息系统归口管理部门和业务部门应当对选定的设计方案予以书面确认。第二，企业应建立设计评审制度和设计变更控制流程。第三，在系统设计时应当充分考虑信息系统建成后的控制环境，将生产经营管理业务流程、关键控制点和处理规程嵌入系统程序，实现手工环境下难以实现的控制功能。例如，对于某一财务软件，当输入支出凭证时，可以让计算机自动检查银行存款余额，防止透支。第四，应充分考虑信息系统环境下的新的控制风险。比如，要通过信息系统中的权限管理功能控制用户的操作权限，避免将不相容职务的处理权限授予同一用户。第五，应当针对不同的数据输入方式，强化对进入系统数据的检查和校验功能，比如，凭证的自动平衡校对。第六，系统设计时，应当考虑在信息系统中设置操作日志功能，确保操作的可审计性。对异常的或者违背内部控制要求的交易和数据，应当设计由系统自动报告并设置跟踪处理机制。第七，预留必要的后台操作通道，对于必需的后台操作，应当加强管理，建立规范的操作流程，确保足够的日志记录，以保证对后台操作的可监控性。

（4）编程和测试环节

针对编程和测试阶段的主要风险，应该采取的控制措施有：第一，项目组应建立并执行严格的代码复查评审制度；第二，项目组应建立并执行统一的编程规范，在标识符命名、程序注释等方面统一风格；第三，应使用版本控制软件系统，保证所有开发人员基于相同的组件环境开展项目工作，协调开发人员对程序的修改；第四，应区分单元测试、组装测试（集成测试）、系统测试、验收测试等不同测试类型，建立严格的测试工作流程，提高最终用户在测试工作中的参与程度，改进测试用例的编写质量，加强测试分析，尽量采用自动测试工具以提高测试工作的质量和效率。具备条件的企业，应当组织独立于开发建设项目组的专业机构对开发完成的信息系统进行验收测试，确保在功能、性能、控制要求和安全性等方面符合开发需求。

（5）上线环节

针对系统上线环节的主要风险，应该采取的控制措施有：第一，企业应当制订信息系统上线计划，并经归口管理部门和用户部门审核批准。上线计划一般包括人员培训、数据准备、进度安排、应急预案等内容；第二，系统上线涉及新旧系统切换的，企业应当在上线计划中明确应急预案，保证新系统失效时能够顺利切换回旧系统；第三，系统上线涉及数据迁移的，企业应当制订详细的数据迁移计划，并对迁移结果进行测试。用户部门应当参与数据迁移过程，对迁移前后的数据予以书面确认。

六、信息系统运营与维护的主要风险点及其控制措施

（一）信息系统运营与维护的主要风险点

运行阶段是系统发挥作用的阶段，也是系统存续时期最长的阶段，因此容易产生风险，是内部控制的重点。在系统运行阶段存在数据可能不完整、不真实的风险，信息的储存及提供的及时性、合理性的风险。最后，在维护阶段可能产生职权分离、授权方式、维护人员不能胜任的风险。

信息系统的运行与维护主要包含三方面的内容：日常运行维护、系统变更和安全管理。

1. 日常运行维护的主要风险点

日常运行维护的目标是保证系统正常运转，其主要工作内容包括系统的日常操作、系统的日常巡检和维修、系统运行状态监控、异常事件的报告和处理等。这一环节的主要风险是：第一，没有建立规范的信息系统日常运行管理规范，计算机软硬件的内在隐患易于爆发，可能导致企业信息系统出错。第二，没有执行例行检查，导致一些人为恶意攻击会长期隐藏在系统中，可能造成严重损失。第三，企业信息系统数据未能定期备份，可能导致损坏后无法恢复，从而造成重大损失。

2. 系统变更的主要风险点

系统变更主要包括硬件的升级扩容、软件的修改与升级等。系统变更往往会"牵一发而动全身"。硬件升级、软件的任何修改都是非同小可的事情，所以必须得到授权与批准。

系统变更是为了更好地满足企业需求，但同时应加强对变更申请、变更成本与进度的控制。这一环节的主要风险是：第一，企业没有建立严格的变更申请、审批、执行、测试流程，导致系统随意变更；第二，系统变更后的效果达不到预期目标。

3. 安全管理的主要风险点

安全管理问题，应该像每家每户的防火防盗问题一样，做到防患于未然。

安全管理的目标是保障信息系统安全。信息系统安全是指信息系统包含的所有硬件、软件和数据受到保护，不因偶然和恶意的原因而遭受破坏、更改和泄露，信息系统能够连续正常运行。这一环节的主要风险是：第一，硬件设备分布物理范围广，设备种类繁多，安全管理难度大，可能导致设备生命周期短。第二，业务部门信息安全意识薄弱，对系统和信息安全缺乏有效的监管手段。少数员工可能恶意或非恶意滥用系统资源，造成系统运行效率降低。第三，对系统程序的缺陷或漏洞安全防护不够，导致遭受黑客攻击，造成信息泄露。第四，对各种计算机病毒防范清理不力，导致系统运行不稳定甚至系统瘫痪。第五，缺乏对信息系统操作人员的严密监控，可能导致舞弊和利用计算机犯罪。

（二）信息系统运营与维护的主要控制措施

1. 日常运营维护的主要控制措施

针对日常运营维护的关键风险点，应该采取如下控制措施：第一，企业应制定信息系统使用操作程序、信息管理制度以及各模块子系统的具体操作规范，及时跟踪、发现和解决系统运营中存在的问题，确保信息系统按照规定的程序、制度和操作规范持续稳定运营。第二，切实做好系统运行记录，尤其注意系统运营不正常或无法运营的情况，应详细记录异常现象、发生时间和可能的原因。第三，企业要重视系统运营的日常维护。在硬件方面，日常维护主要包括各种设备的保养与安全管理、故障的诊断与排除、易耗品的更换与安装等。这些工作应由专人负责。第四，配备专业人员负责处理信息系统运营中的突发事件，必要时应会同系统开发人员或软硬件供应商共同解决。

2. 系统变更的主要控制措施

针对系统变更的关键风险点，应该采取如下控制措施：第一，企业应当建立标准流程，来实施和记录系统变更，保证变更过程得到适当的授权与管理层的批准，并对变更进行测试。信息系统变更应当严格遵照管理流程进行操作信息系统，操作人员不得擅自进行软件的删除、修改等操作，不得擅自升级、改变软件版本，不得擅自改变软件系统的环境配置。第二，系统变更程序（如软件升级）需要遵循与新系统开发项目同样的验证和测试程序，必要时还应当进行额外测试。第三，企业应加强紧急变更的控制管理。第四，企业应加强对将变更移植到生产环境中的控制管理，包括系统访问授权控制、数据转换控制、用户培训等。

3. 安全管理的主要控制措施

针对信息系统安全的关键风险点，应该采取如下控制措施：

（1）建立信息系统相关资产的管理制度，保证电子设备的安全。硬件和网络设备不仅是信息系统运行的基础载体，也是价值昂贵的固定资产。企业应在健全设备管理制度的基础上，建立专门的电子设备管控制度。关键信息设备（例如，银行的核心数据库服务器），未经授权，不得接触。

（2）企业应成立专门的信息系统安全管理机构，由企业主要领导负总责，对企业的信息安全做出总体规划和全方位的严格管理。具体实施工作可由企业的信息主管部门负责。企业应强化全体员工的安全保密意识，特别要对重要岗位员工进行信息系统安全保密培训，并签署安全保密协议。企业应当建立信息系统安全保密制度和泄密责任追究制度。

（3）企业应当按照国家相关法律、法规以及信息安全技术标准，制定信息系统安全实施细则，根据业务性质、重要程度、涉密情况等确定信息系统的安全等级，建立不同等级信息的授权使用制度，采用相应技术手段保证信息系统运行安全有序。对于信息系统的使用者和不同安全等级信息之间的授权关系，应在系统开发建设阶段就形成方案并加以设计，在软件系统中预留这种对应关系的设置功能，以便根据使用者岗位、职务的变迁进行调整。

（4）企业应当有效利用信息系统技术手段，对硬件配置调整、软件参数修改严加控制。例如，企业可利用操作系统、数据库系统、应用系统提供的安全机制，设置安全参数，保证系统访问安全。对于重要的计算机设备，企业应当利用技术手段防止员工擅自安装、卸载软件或者改变软件系统配置，并定期对上述情况进行检查。

（5）企业委托专业机构进行系统运行与维护管理的，应当严格审查其资质条件、市场声誉和信用状况等，并与其签订正式的服务合同和保密协议。

（6）企业应当采取安装安全软件等措施防范信息系统受到病毒等恶意软件的感染和破坏。企业应当特别注重加强对服务器等关键部位的防护；存在网络应用的企业，应当综合利用防火墙、路由器等网络设备，采用内容过滤、漏洞扫描、入侵检测等软件技术加强网络安全，严密防范来自互联网的黑客攻击和非法侵入。对于通过互联网传输的涉密或者关键业务数据，企业应当采取必要的技术手段，以确保信息传递的保密性、准确性、完整性。

（7）企业应当建立系统数据定期备份制度，明确备份范围、频度、方法、责任人、存放地点、有效性检查等内容。系统首次上线运行时应当完全备份，然后根据业务频率和数据重要性程度，定期做好增量备份。数据正本与备份应分别存放于不同地点，防止因火灾、水灾、地震等事故产生不利影响。企业可综合采用磁盘、磁带、光盘等备份存储介质。

（8）企业应当建立信息系统开发、运行与维护等环节的岗位责任制度和不相容职务分离制度，防范利用计算机舞弊和犯罪。一般而言，信息系统不相容职务涉及的人员可以分为三类：系统开发建设人员、系统管理和维护人员、系统操作使用人员。开发人员在运行阶段不能使用信息系统，否则就可能掌握其中的涉密数据，进行非法利用。系统管理和维护人员担任密码保管、授权、系统变更等关键任务。如果允许其使用信息系统，就可能较为容易地篡改数据，从而达到侵吞财产或滥用计算机信息的目的。此外，信息系统使用人员也需要区分不同岗位，包括业务数据录入、数据检查、业务批准等，在他们之间也进行必要的相互牵制。企业应建立用户管理制度，加强对重要业务系统的访问权限管理，避免将不相容职责授予同一用户。企业应当采用密码控制等技术手段进行用户身份识别。重要的业务系统应当采用数字证书、生物识别等可靠性强的技术手段来识别用户身份。对于发生岗位变化或离岗的用户，用户部门应当及时通知系统管理人员调整其在系统中的访问权限或者关闭账号。企业应当定期对系统中的账号进行审阅，避免存在授权不当或非授权账号。对于超级用户，企业应当严格规定其使用条件和操作程序，并对其在系统中的操作全程进行监控或审计。

第三节 监督机构与程序

一、内部监督的机构及职责

（一）内部监督的定义

按照《企业内部控制基本规范》的定义，内部监督是企业对内部控制建立与实施情况进行监督检查，评价内部控制的有效性，发现内部控制缺陷，并及时加以改进。

（二）内部监督的意义

内部监督作为内部控制的基本要素之一，对于内部控制的有效运行，以及内部控制的不断完善起着重要的作用。

内部控制作为由企业各层级员工共同参与实施的完整系统，是一个不断调整、逐步完善、持续优化的动态过程。因此，不论是内部控制制度的建立与实施，还是内部控制系统的评价与报告，在此过程中均离不开恰当的监督，促使董事会及经理层预防、发现和整改内部控制设计与运行中存在的问题和薄弱环节，以便及时加以改进，确保内部控制有效运行。内部监督与内部控制其他要素相互联系、互为补充，共同促进企业实现控制目标。

首先，内部监督以内部环境为基础，并与内部环境有极强的互动关系。例如，管理层就内部控制及监督的重要性传达积极的基调，要求定期沟通、对于发现的控制问题积极采取措施等，将直接有益于内部监督的开展。反过来，加大内部监督力度，又有利于进一步优化企业的内部环境，为实现控制目标提供充分保障。其次，内部监督与风险评估、控制活动形成了三位一体的闭环控制系统。企业根据风险评估结果和风险应对策略，制定并实施控制活动，再通过事前、事中和事后的内部监督，对风险评估的适当性和控制活动的有效性进行检查评价和优化调整，进而形成了一套严密、高效的闭环控制系统。最后，内部监督离不开信息与沟通的支持。

（三）内部监督体系的构成及各机构的职责

1. 内部监督体系的构成

（1）专职的内部监督机构

为保证内部监督的客观性，内部监督应由独立于内部控制执行的机构进行内部监督。一般情况下，企业可以授权内部审计机构具体承担内部控制监督检查的职能。当企业内部审计机构因人手不足、力量薄弱等原因无法有效对内部控制履行监督职责时。企业可以成立专门的内部监督机构，或授权其他监督机构（如监察部门等）履行相应的职责。专职内部监督机构根据需要开展日常监督和专项监督，对内部控制有效性做出整体评价，提出整改计划，督促其他有关机构整改。

（2）其他机构

内部监督不仅是内部审计机构（或经授权的其他监督机构）的职责，企业内部任何一个机构甚至个人在控制执行中，都应当在内部控制建立与实施过程中承担起相应的监督职责。比如，财会部门对销售部门的赊销行为负有财务方面的监督职能；财会部门负责人对本部门的资产、业务、财务和人事具有监督职责；财会部门内部的会计岗位和出纳岗位也具有相互监督的职责；等等。企业应当在组织架构设计与运行环节明确内部各机构、各岗位的内部监督关系，以便于监督职能的履行。内部各机构监督应在其职责范围内，承担内部控制相关具体业务操作规程及权限设计的责任，并在日常工作中严格执行。进行定期的管理活动，利用内部和外部数据所做的同行业比较和趋势分析及其他日常活动，将监督嵌入企业常规的、循环发生的经营活动中；企业应进行定期的测试、监督活动，及时发现环境变化、执行中出现的偏差，及时更新初始控制；企业应建立、保持与内部控制机构有效的信息沟通机制，及时传递内部控制设计和执行是否有效的相关信息。

2. 各内部监督机构的具体职责

（1）审计委员会的监督职责

监督内部控制的有效实施和内部控制自我评价情况，协调内部控制审计及其他相关事宜等。审计委员会在企业内部控制建立和实施中承担的职责一般包括：审核企业内部控制及其实施情况，并向董事会做出报告；指导企业内部审计机构的工作，监督检查企业的内部审计制度及其实施情况；处理有关投诉与举报，督促企业建立畅通的投诉与举报途径；审核企业的财务报告及有关信息披露内容；负责内部审计与外部审计之间的沟通协调。

（2）内部审计机构的监督职责

内部审计，是指企业内部的一种独立客观的监督、评价和咨询活动，通过对经营活动及内部控制的适当性、合法性和有效性进行审查、评价和建议，提升企业运行的效率和效果，实现企业发展目标。

制定内部控制监督制度，（或经授权的其他监督机构）和其他内部机构在内部监督中的职责权限，规范内部监督的程序、方法和要求。企业应当保证内部审计机构具有相应的独立性，并配备与履行内部审计职能相适应的人员和工作条件。内部审计机构不得置于财会机构的领导之下或者与财会机构合署办公。内部审计机构依照法律规定和企业授权开展审计监督。内部审计机构对审计过程中发现的重大问题，视具体情况，可以直接向审计委员会或者董事会报告。

（3）会计机构的监督职责

会计监督，是指会计机构和会计人员凭借经授权的特殊地位和职权，依照特定主体制定的合法制度，对特定主体经济活动过程及其资金运动进行综合、全面、连续、及时的监督，以确保各项经济活动的合规性、合理性，保障会计信息的相关性、可靠性和可比性，从而达到提高特定主体工作效益的目的。会计监督是会计的基本职能之一，会计监督是企业内部监督体系的重要组成部分

（四）内部监督的基本要求

1. 监督人员应具有胜任能力和独立性

负责监督的人员应具有胜任能力和独立性。胜任能力，是监督人员在内部控制和相关流程方面的知识、技能和经验。独立性，是指在不考虑可能的个人后果，而且不会为了追求个人利益或者自我保护而操纵结果时，负责监督的人员执行监督和提供信息的公允程度。一般而言，独立性依自我监督、同级监督、上级监督和完全独立监督而逐级增强。

2. 关注关键控制

企业应根据风险评估，识别内部控制中的关键控制，收集判断内部控制有效性的相关有力证据，确定须采取的监督程序，以及须执行的频率。

关键控制应考虑以下因素：复杂程度较高的控制；需要高度判断力的控制；已知的控制失效；相关人员缺少实施某一控制所必需的资质或经验；管理层凌驾于某一控制活动之上；某一项控制失效是重大的，且无法被及时地识别并整改。识别并实施关键控制所需的信息必须是相关的、可靠的、及时的和充分的。

二、内部监督的程序

（一）建立健全内部监督制度

随着企业的不断壮大，主体结构或发展方向、员工人数及素质、生产技术或流程等方面会相应地发生变化，企业风险管理的有效性受其影响，曾经有效的风险应对策略可能变得不相关，控制活动可能不再有效甚至不被执行。面对这些变化，企业管理层需要实施必要的监督检查来确保内部控制的持续和有效运行。为此，企业需要首先建立健全内部监督制度。内部监督制度的主要内容包括但不限于：明确监督的组织架构、岗位设置、岗位职责、相关权限、工作方法、信息沟通的方式以及各种表格及报告样本等。

（二）制定内部控制缺陷标准

具有内部控制监督职能的部门在执行监督和检查工作之前，首先是要明确监督的目的和要求，监督的直接目的是检验内部控制制度的执行效果，最终结果是服务于内部控制目标，内部监督的基本要求是查找内部控制缺陷，因此，明确内部控制缺陷的认定标准是内部监督工作的关键步骤，它直接影响内部监督工作的效率和效果。

内部控制缺陷，是指内部控制的设计存在漏洞，不能有效防范错误与舞弊，或者内部控制的运行存在弱点和偏差，不能及时发现并纠正错误与舞弊的情形。内部控制缺陷的认定大致可以分为三个层次：有无内部控制缺陷、有无重要内部控制缺陷、有无重大内部控制缺陷。以上三个层次是按照内部控制缺陷的重要程度来划分的，与之相对应，内部控制缺陷可以分为一般缺陷、重要缺陷和重大缺陷。按照缺陷的来源，内部控制缺陷也可分为设计缺陷与执行缺陷。在内部监督过程中，监督部门要对缺陷的种类、性质和重要程度进行初步认定。

三、实施监督

对内部控制建立情况与实施情况进行监督检查，最直接的动机是查找出企业内部控制存在的问题和薄弱环节。一方面，针对已经存在的内部控制缺陷，及时采取应对措施，减少控制缺陷可能给企业带来的损害。比如，在监督检查中发现销售人员直接收取货款的控制缺陷，应采取对客户进行核查和对应收账款进行分析等方法加以补救。另一方面，针对潜在的内部控制缺陷，采取相应的预防性控制措施，尽量限制缺陷的产生，或者当缺陷发生时，尽可能降低风险和损失，比如，在监督检查中发现企业对汇率风险缺少控制，经理层应及时设立外汇交易止损系统，预防风险扩大。

对于为实现单个或整体控制目标而设计与运行的控制不存在重大缺陷的情形的，企业应当认定针对这些整体控制目标的内部控制是有效的。内部控制的有效性，是指企业的内部控制政策和措施应符合国家法律、法规的相关规定，同时内部控制制度也要设计完整、合理，在企业生产过程中能够得到有效的贯彻执行，并实现内部控制的目标。有效性以其完整性与合理性为基础，内部控制的完整性和合理性则以其有效性为目的。

对于为实现某一整体控制目标而设计与运行的控制存在一个或多个重大缺陷的情形，企业应当认定针对该项整体控制目标的内部控制是无效的。内部控制的无效性，是指企业的内部控制政策和措施可能有与法律、法规相抵触的地方，或者内部控制制度设计不够完整、合理，在企业生产过程中没有得到有效的贯彻执行，从而无法实现内部控制的目标。

四、记录和报告内部控制缺陷

企业应制定相关的管理规定，明确缺陷报告的职责、报告的内容，对缺陷报告程序及跟进措施等方面进行规范。例如，企业下属业务部门和其他控制人员在工作中发现内部控制的缺陷，及时以书面形式向其上级主管部门和内部控制主管部门报告；内部控制主管部门向管理层随时或定期汇报新出现的风险，或业务活动中存在的风险控制缺陷，涉及重要风险的控制方案及重大整改事项由内部控制委员会审查；内部控制主管部门在对企业内部控制体系进行评价的基础上，编制企业内部控制综合评价报告，经内部控制委员会审核确认后报董事会审议。

内部控制缺陷的报告对象至少应包括与该缺陷直接相关的责任单位、负责执行整改措施的人员、责任单位的上级单位。针对重大缺陷，内部监督机构有权直接上报董事会及其审计委员会和监事会。

五、内部控制缺陷整改

通过内部监督，可以发现内部控制在建立与实施中存在的问题和缺陷，进而采取相应的整改计划和措施，切实落实整改，促进内部控制系统的改进。

第四节 内部控制监督的方法

一、日常监督

（一）日常监督的定义

内部监督分为日常监督和专项监督两种方法。日常监督，是指企业对建立与实施内部控制的情况进行常规、持续的监督检查。日常监控通常存在于单位基层管理活动之中，能较快地辨别问题，日常监督的程度越大，其有效性就越高，企业所需的专项监督就越少。

（二）日常监督的主体

按照监督的主体，一般分为管理层监督、单位（机构）监督、内部控制机构监督、内部审计监督等。

1. 管理层监督

董事会和经理层充分利用内部信息与沟通机制，获取适当的、足够的相关信息来验证内部控制是否有效地设计和运行，并对日常经营管理活动进行持续监督，包括但不限于以下措施：

董事会召开董事会会议或专业委员会会议，获取来自经理层的风险评估与控制活动信息。也可以利用内部审计、外聘专家及外部审计师、政府监管的力量，或者通过询问非管理层员工、客户（供应商）等方式，持续监督经理层权力的行使情况。

经理层召开经理办公会、生产例会、经济活动分析例会等，收集、汇总内部各机构的经营管理信息，持续监督内部各机构的工作进展、风险评估和控制情况。经理层听取员工的合理化建议，不断完善员工合理化建议机制，明确相应的责任部门的征集方式、评审办法、奖励措施等内容，对员工提出的问题予以及时解决。

董事会（或授权审计委员会）、经理层组织实施内部控制评价，听取内部控制评价报告，获取内部控制设计和运行中存在的缺陷，积极采取整改措施并督促整改，促进实现内部控制目标。

2. 单位（机构）监督

企业所属单位及内部各机构定期对职权范围内的经济活动实施自我监督，向经理层直接负责，包括但不限于以下措施：

企业所属单位及内部各机构召开部门例会或运营分析会等，汇集来自本单位（机构）内外部的有关信息，分析并报告存在的问题，对日常经营管理活动进行监控。

企业所属单位及内部各机构对内部控制设计与运行情况开展自我测评，至少每年检查一次。企业所属单位及内部各机构对与本单位（机构）环境变化、相关的新增业务单元以及业务性质变化、业务变更等导致重要性改变的业务活动进行跟进确认，进一步评价并完善相关的内部控制。

3. 内部控制机构监督

有条件的企业，应当设置专门的内控机构。内部控制机构结合单位（机构）监督、内外部审计、政府监管部门的意见等情况，根据风险评估结果，对企业认定的重大风险的管控情况及成效开展持续性的监督。

内部控制机构还可以通过控制自我评估的方法，召集有关管理层和员工就企业内控制度设计和执行中存在的特定问题进行面谈和讨论，同时可以通过开展问卷调查和管理结果分析等方式进行监督测试。

4. 内部审计监督

内部审计机构接受董事会或经理层委托，对日常生产经营活动实施审计检查，包括但不限于以下措施：

（1）制订内部审计计划，定期组织生产经营审计、内部控制专项审计和专项调查等。主要对企业董事、高级管理人员和下属单位负责人的廉洁从业状况、管理制度的落实情况、内部控制的实际效果等进行监督检查，并向董事会或经理层提出管理建议。

（2）内部审计机构对审计中发现的违反国家法律、法规和企业章程规定的事项提出审计建议，做出审计决定，并对审计建议和审计决定的落实情况进行跟踪监督。

（3）内部审计机构应当接受审计委员会的监督指导，定期或应要求向董事会及其审计委员会、监事会、经理层报告工作。

（三）日常监督的具体方式

1. 获得内部控制执行的证据

获得内部控制执行的证据，即企业员工在实施日常生产经营活动时，取得必要的、相关的证据证明内部控制系统发挥功能的程度。内部控制执行的证据包括：企业管理层搜集汇总的各部门信息、出现的问题，相关职能部门进行自我检查、监督时发现问题的记录及解决方案等。

2. 内外信息印证

内外信息印证，是指来自外部相关方的信息支持内部产生的结果或反映出内部的问题。主要包括来自监管部门的信息和来自客户的信息。来自监管部门的信息，是指企业接受监管部门的监督，汇总、分析监管反馈信息；来自客户的信息，是指企业通过各种方式与客户沟通所搜集的信息。

例如，与外部有关监管部门沟通，以验证单位遵循各项法律、法规的情况；定期与客户沟通，以验证单位销售交易处理及采购业务处理是否正确，验证应收、应付账款记录是否完整、正确。

3. 数据记录与实物资产的核对

企业定期将会计记录中的数据与实物资产进行比较并记录存在的差额，对产生差额的原因进行分析。

4. 内外部审计定期提供建议

审计人员评估内部控制的设计以及测试其有效性，识别潜在的缺陷并向管理层建议采取替代方案，同时为做出决策提供有用的信息。

5. 管理层对内部控制执行的监督

管理层主要通过以下渠道进行监督：审计委员会接收、保留及处理各种投诉及举报，并保证其保密性；管理层在培训、会议等活动中了解内部控制的执行情况；管理层审核员工提出的各项合理建议等。

二、专项监督

（一）专项监督的定义

专项监督，是指在企业发展战略、组织结构、经营活动、业务流程、关键岗位员工等发生较大调整或变化的情况下，对内部控制的某一或者某些方面进行有针对性的监督检查。为了及时发现内部控制缺陷，修正与完善内部控制系统，专项监督不可或缺。

（二）专项监督的主体

企业内部控制（审计）机构、财务机构和其他内部机构都有权参与专项监督工作，也可以聘请外部中介机构参与其中，但参与专项监督的人员必须具备相关专业知识和一定的工作经验，而且不得参与对自身负责的业务活动的评价监督。

（三）专项监督的范围和频率

尽管日常监督可以持续地提供内部控制其他组成要素是否有效的信息，但是针对重要业务和事项而实施的控制活动进行重点监督也是必不可少的。专项监督的范围和频率应根据风险评估结果以及日常监督的有效性等予以确定。一般来说，风险水平较高并且重要的控制，企业对其进行专项监督的频率应较高。

专项监督的范围和频率取决于以下因素：第一，风险评估的结果。重要业务事项和高风险领域所需的专项监督频率通常较高；对于风险发生的可能性较低但影响程度大的业务事项（突发事件），进行日常监督的成本很高，为此应更多地依赖专项监督。第二，变化发生的性质和程度。当内部控制各要素发生变化，可能对内部控制的有效性产生较大影响的情形下，企业应当组织实施独立的专项监督，专门就该变化的影响程度进行分析研究。第三，日常监督的有效性。日常监督根植于企业日常、反复发生的经营活动中，如果日常监督扎实有效，可以迅速应对环境的变化，对专项监督的需要程度就越低。反之，对专项监督的需要程度就越高。

（四）专项监督的重点

进行专项监督主要应关注以下两个方面：

第一，高风险且重要的项目。审计部门依据日常监督的结果，对风险较高且重要的项目要进行专项监督。考虑到成本效益原则，对风险很高但不重要的项目或很重要但风险很小的项目可以减少个别评估的次数，应该将高风险且重要的项目作为个别评估对象。

第二，内控环境变化。当内控环境发生变化时，要进行专项监督，以确定内部控制是否还能适应新的内控环境。例如，业务流程的改编和关键员工发生变化时，就要进行个别评估，以确保内控体系能正常运行。

（五）专项监督的步骤

专项监督一般包括三个阶段：

第一，计划阶段，主要任务包括规定监督的目标和范围；确定具有该项监督权力的主管部门和人员；确定监督小组、辅助人员和主要业务单元联系人；规定监督方法、时间、实施步骤；就监督计划达成一致意见。

第二，执行阶段，主要任务包括获得对业务单元或业务流程活动的了解；了解业务单元或流程的内部控制程序是如何设计运作的；应用可比、一致的方法评价内部控制程序；通过与企业内部审计标准的比较来分析结果，并在必要时采取后续措施；记录内部控制缺陷和拟订纠正措施；与适当的人员复核并验证调查结果。

第三，报告和纠正措施阶段，主要任务包括与业务单元或业务流程的管理人员以及其他适当的管理人员复核结果；从业务单元或业务流程的管理人员处获得情况说明和纠正措施；将管理反馈写入最终的评价报告。

总之，日常监督和专项监督应当有机结合。前者是后者的基础，后者是前者的有效补充。如果发现某些专项监督活动需要经常性地开展，那么企业有必要将其纳入日常监督中，以便进行持续的监控。通常，二者的某种组合会使企业内部控制在一定时期内保持其有效性。

第四章 业务活动控制

第一节 资金活动与资产管理控制

一、资金活动控制

资金活动是指企业投资、筹资和资金营运等活动的总称，资金决定着企业的竞争能力和可持续发展能力，是企业生存和发展的重要基础，被视为企业生产经营的血液，一直受到企业的高度重视。资金是企业流动性最强、控制风险最高的资产，是企业生存和发展的基础。为加强企业对资金的内部控制，保证资金安全，提高资金使用效益，企业必须加强资金管理与控制。

（一）资金活动控制的总体要求

1. 资金活动内部控制的必要性

企业资金的最初来源主要是股东对企业的投资和企业从银行借款或发行债券，用于购买材料、设备，支付人工成本和其他费用等，通过销售产成品收回货币资金进行再生产。当企业有可分配利润时，向股东分配利润；当借款或债券到期时，应还本付息；当企业拥有较多资金时，可以进行投资，以期获得一定的投资收益，提高资金利用效率；当企业资金短缺时，企业可以将部分投资的金融产品出售，以满足生产经营对资金的需求。首先，资金活动影响企业生产经营的全过程。企业生产经营活动的开展，总是依赖于一定形式的资金支持；生产经营的过程和结果，也是通过一定形式的资金活动体现出来。因此，资金管理一直被视为企业财务管理的核心内容，构成企业经营管理的重要部分。其次，资金活动内部控制通常是企业内部管理的薄弱环节。由于影响企业资金活动的因素很多、涉及面很广、不确定性很强，企业资金活动的管理和控制面临的困难很大。一是做好资金活动的管控，需要企业对自身业务活动做出科学的、准确的定位；二是做好资金活动的管控，需要对企业所处的政治、经济、文化和技术等环境做出客观的、清晰的判断；三是做好企业资金活动的管控，需要企业相机抉择，合理处理自身与外界的各种关系和矛盾。企业由于受到主客观条件的限制，很难做到自动对资金活动施以有效控制。资金活动内部控制的失误，往往给企业带来致命打击。因此，资金活动及其内部管控情况，对企业的生产经营影响巨大。加强和改进资金活动内部控制，是企业生存和发展的内在需要。再次，国际金融危机爆发后，全球经济萧条，大量企业陷入困境，资金链断裂导致很多企业经营困难甚至破产倒闭，因此，如何防范资金风险、维护资金安全、提高资金效益成了企业内部控制的关键问题。

2. 资金活动涉及的主要风险

企业资金活动中可能存在的风险包括：

（1）资金管控不严，可能出现舞弊、欺诈，导致资金被挪用、抽逃。

（2）投资决策失误，引发盲目扩张或丧失发展机遇，可能导致资金链断裂或资金使用效益低下。

（3）筹资决策不当，引发资本结构不合理或无效融资，可能导致企业筹资成本过高或债务危机。

3. 资金活动控制的总体要求

企业应当根据自身发展战略，完善严格的资金授权、批准、审验等相关管理制度，加强资金活动的集中归口管理，明确筹资、投资、营运等各环节的职责权限和岗位分离要求，定期或不定期地检查和评价资金活动情况，落实责任追究制度，确保资金安全和有效运行。

（二）资金活动控制流程

1. 筹资活动的业务流程

筹资活动是企业资金活动的起点，也是企业整个经营活动的基础。通过筹资活动，企业取得投资和日常生产经营活动所需的资金，从而使企业投资、生产经营活动能够顺利进行。企业应当根据经营和发展战略的资金需要，确定融资战略目标和规划，结合年度经营计划和预算安排，拟订筹资方案，明确筹资用途、规模、结构和方式等相关内容，对筹资成本和潜在风险做出充分估计。企业为满足生产经营或战略发展需要，可通过银行借款或者发行股票债券等形式筹集资金。企业应当根据筹资目标和规划，结合年度全面预算，拟订筹资方案，明确筹资用途、规模、结构和方式等相关内容，对筹资成本和潜在风险做出充分估计。境外筹资还应考虑所在地的政治、经济、法律、市场等因素。

通常情况下，筹资的业务流程包括提出筹资方案、筹资方案论证、筹资方案审批、筹资计划编制与执行、筹资活动的监督、评价与责任追究等环节。

（1）筹资业务的控制目标

在企业内部按照分级授权审批的原则进行审批，审批人员与筹资方案编制人员应适当分离。在审批中，应贯彻集体决策的原则，实行集体决策审批或者联签制度。筹资方案须经有关管理部门批准的，应当履行相应的报批程序。重大筹资方案，应当提交股东（大）会审议，选择批准最优筹资方案。

按规定进行筹资后评价，评估执行及效果与方案的一致性，对存在违规现象的，严格追究其责任。加强筹资活动的检查监督，严格按照筹资方案确定的用途使用资金，确保款项的收支、股息和利息的支付、股票和债券的保管等符合有关规定，维护筹资信用。

保证筹资方案符合企业整体发展战略、项目可行。财务部门与其他生产经营相关业务部门沟通协调，根据企业经营战略、预算情况与资金现状等因素，提出筹资方案。筹资方案应包括筹资金额、筹资形式、利率、筹资期限、资金用途等内容。

（2）筹资业务的主要风险点

筹资管理的主要风险点包括：

第一，筹资活动违反国家法律、法规，可能遭受外部处罚、经济损失和信誉损失或资金冗余及债务结构不合理，就可能造成筹资成本过高。

第二，筹资分析报告未经适当审批或超越授权审批，可能产生重大差错或舞弊、欺诈行为而使企业遭受损失。

第三，筹资授权未以授权书为准，而是逐级授权、口头通知，可能产生重大差错或舞弊、欺诈行为，从而使企业遭受损失。

第四，筹资没有考虑筹资成本和风险评估等因素，可能产生重大差错、舞弊或欺诈行为，从而使企业遭受损失。

第五，筹资活动的效益未与筹资人员的绩效挂钩，则会导致筹资决策责任追究时无法落实到具体的部门及人员。

2. 投资活动的业务流程

投资主要是指长期股权投资，包括对子公司投资、对联营企业投资和对合营企业投资及投资企业持有的对被投资单位不具有共同控制或重大影响并且在市场中没有报价、公允价值不能可靠地计量的权益性投资。

投资活动业务流程一般包括拟订投资方案、投资方案可行性论证、投资方案决策、投资计划编制与审批、投资计划实施、投资项目的到期处置等环节。

（1）投资活动的控制目标

根据企业发展战略、宏观经济环境、市场状况等，合理资金投放结构，科学确定投资项目。

按照规定的权限和程序对投资项目进行决策审批，要通过分级审批、集体决策来进行。决策者应与方案制定者适当分离，投资方案需要经过有关管理部门审批，应当履行相应的报批程序。重大投资项目，应当报经董事会或股东（大）会批准，选择批准最优投资方案。

保证投资活动按计划合法、有序、有效进行。企业指定专门机构或人员对投资项目进行跟踪管理，及时收集被投资方经审计的财务报告等相关资料，定期组织投资效益分析。

（2）投资活动的主要风险点

第一，投资行为违反国家法律、法规，可能遭受外部处罚、经济损失和信誉损失。

第二，投资项目或对被投资企业未经科学、严密的评估和论证或没有经过专业机构的独立评估，可能因为决策失误而导致重大损失。

第三，投资核销没有经过充分调研或没有经过严格审批，可能导致企业资产虚增或资产流失，造成资金和资产浪费及损失。

第四，投资业务未经适当审批或超越授权审批，可能产生重大差错或舞弊、欺诈行为，从而导致损失。

第五，资产减值的确定和审批不合理、不规范，可能导致企业资产虚增或资产流失，造成资金和资产浪费及损失。

第六，资产减值的会计处理不规范或没有经过严格审批，可能导致资产账目混乱，增加管理成本或因资产减值、会计披露不当而造成企业外部投资者的决策失误。

3. 资金营运活动的业务流程

为加强企业对资金营运的内部控制，提高资金使用效益，保证资金的安全，防范资金链条断裂，企业必须加强对货币资金的管理和控制，建立健全货币资金内部控制，确保经营管理活动合法而有效。

（1）资金营运的主要风险点

资金营运活动中的主要风险有资金调度不合理、营运不畅、资金活动管控不严等。控制措施包括：资金平衡、预算管理、有效调度、会计控制。

（2）资金营运的业务流程

企业资金营运过程，从资金流入企业形成货币资金开始，到通过销售收回货币资金、成本补偿确定利润、部分资金流出企业为止，形成资金营运的一个完整循环。

二、资产管理控制

不同的企业组织形式不同，经济业务不同，面临的内部控制与风险管理的环境和基础不同，因此其内部控制与风险管理活动也千差万别。

（一）资产管理的总体要求

为促进实现资产管理目标，资产管理指引的基本要求是全面梳理各项资产的管理流程，及时发现资产管理中的薄弱环节，采取有效措施及时加以改进，不断提升资产管理水平，确保资产安全，提高资产效能。

1. 全面梳理资产管理流程

一般工商企业，存货、固定资产和无形资产在资产总额中占比最大。无论是新企业或是存续企业，为组织生产经营活动，都需要制定相关资产管理制度，按照严格的制度管理各项资产。为了保障资产安全、提升资产管理效能，企业应当全面梳理资产流程。在梳理过程中，既要注意从大类上区分存货、固定资产和无形资产，又要分别对存货、固定资产和无形资产等进行细化和梳理。比如，存货需要从原材料、在产品、半成品、产成品、商品、周转材料等进行梳理；固定资产需要从房屋建筑物、机器设备和其他固定资产进行梳理；无形资产需要从专利权、非专利技术、商标权、特许权、土地使用权等进行梳理。企业梳理资产管理流程，应当贯穿各类存货、固定资产和无形资产"从进入到退出"各个环节。比如，对存货通常可以从验收入库、仓储保管、出库、盘点和处置等环节进行梳理。梳理存货、固定资产和无形资产管理流程，不仅要对照现有管理制度，检查相关管理要求是否落实到位，而且还应当审视相关管理流程是否科学，是否能够较好地保证物流顺畅、是否能够不断减少物流风险，是否能够不断降低相关成本费用，各项资产是否最大限度地发挥了应有的效能，等等。

2. 查找资产管理薄弱环节

通过全面梳理资产管理流程，查找资产管理薄弱环节，是企业强化资产管理的关键步骤。这些薄弱环节若不引起重视并加以及时改进，通常引发资产流失或运行风险，或者企业资产不能发挥应有的效能。资产管理指引针对当前企业资产管理实务中存在的实际问题，分别存货、固定资产和无形资产，要求企业着力关注下列主要风险：一是存货积压或短缺，可能导致流动资金占用过量、存货价值贬损或生产中断；二是固定资产更新改造不够、使用效能低下、维护不当、产能过剩，可能导致企业缺乏竞争力、资产价值贬损、安全事故频发或资源浪费；三是无形资产缺乏核心技术、权属不清、技术落后、存在重大技术安全隐患，可能导致企业法律纠纷，缺乏可持续发展能力。企业应当在全面梳理资产管理流程的基础上，着重围绕上述三个方面的主要风险，结合企业实际进行细化，全面查找资产管理漏洞，确保资产管理不断处于优化状态。

3. 健全和落实资产管控措施

在全面梳理资产流程、查找管理薄弱环节之后，企业应当对发现的薄弱环节和问题进行归类整理，深入分析，查找原因，健全和落实相关措施。企业应当按照内部控制规范提出的各项存货、固定资产和无形资产管理要求，结合所在行业和企业的实际情况，建立健全各项资产管理措施。属于缺乏相关资产管理制度的，应当建立健全相关制度；属于现行管理制度不健全的，应当对现行制度予以补充完善；属于现行制度执行不到位的，应当加大制度执行力，避免形式主义做"表面文章"。一些企业由于"实物流"管控不严，导致重大风险的发生，往往不是属于制度不健全，而是制度一大堆，手册到处有，更多的是用于应付检查，实际执行是两回事。这种做法是自欺欺人，到头来是企业自身遭受损失。在激烈的竞争时代，企业只有科学管理，强化管控措施，确保各项资产安全并发挥效能，才能防范资产风险，提升核心竞争力，实现发展目标。

（二）资产管理业务的业务流程

资产管理业务是指企业对拥有或控制的存货、固定资产和无形资产进行管理的活动。资产管理业务是企业生产经营的直接表现，也是企业内部控制与风险管理的关键环节。资产是企业从事生产经营活动并实现发展战略的物质基础，它既是企业利润产生的母体，也是有较大风险的领域。资产管理业务的主要风险事件：第一，涉及企业存货、固定资产、无形资产业务未经适当审批或超越授权审批，可能造成重大差错、舞弊而导致资产流失。第二，资产购买决策不充分，可能造成企业资源的浪费。第三，验收程序不规范，可能导致资产账实不符和资产损失。第四，资产的使用、维护、管理不善可能造成企业资产使用效率低下或资产损失。例如，存货保管不善，可能导致存货损坏、变质、浪费、被盗和流失等；无形资产、固定资产的处置决策和执行不当，可能导致企业权益受损。第五，资产盘点工作不规范，可能由于未能及时查清资产状况并做出处理而导致财务信息不准确。第六，涉及资产的会计处理不适当，可能导致企业资产账实不符或资产损失。

1. 存货管理控制流程

存货主要包括原材料、在产品、产成品、半成品、商品及周转材料等。企业代销、代管、代修、受托加工的存货，虽不归企业所有，也应纳入企业存货管理范畴。不同类型的企业有不同的存货业务特征和管理模式；即使同一企业，不同类型存货的业务流程和管控方式也可能不尽相同。企业建立和完善存货内部控制制度，必须结合本企业的生产经营特点，针对业务流程中主要风险点和关键环节，制定有效的控制措施；同时，充分利用计算机信息管理系统，强化会计、出入库等相关记录，确保存货管理全过程的风险得到有效控制。

2. 固定资产管理业务流程

固定资产主要包括房屋、建筑物、机器、机械、运输工具以及其他与生产经营活动有关的设备、器具、工具等。固定资产属于企业的非流动资产，是企业开展正常的生产经营活动必要的物资条件，其价值随着企业生产经营活动逐渐转移到产品成本中。固定资产的安全、完整直接影响到企业生产经营的可持续发展能力。

企业应当根据固定资产的特点，分析、归纳、设计合理的业务流程，查找管理的薄弱环节，健全全面风险管控措施，保证固定资产安全、完整、高效运行、固置等五个环节。

3. 无形资产管理控制流程

无形资产是企业拥有或控制的没有实物形态的可辨认的非货币性资产，通常包括专利权、非专利技术、商标权、著作权、特许权、土地使用权等。企业应当加强对无形资产的管理，建立健全无形资产分类管理制度，保护无形资产的安全，提高无形资产的使用效率，充分发挥无形资产对提升企业创新能力和核心竞争力的作用。无形资产管理的基本流程包括无形资产的取得、验收并落实权属、自用或授权其他单位使用、安全防范、技术升级与更新换代、处置与转移等环节。

（三）资产管理各环节主要风险和控制措施

1. 存货

（1）取得存货

存货的取得有诸如外购、委托加工或自行生产等多种方式，企业应根据行业特点、生产经营计划和市场因素等综合考虑，本着成本效益原则，确定不同类型的存货取得方式。该环节的主要风险是：存货预算编制不科学、采购计划不合理，可能导致存货积压或短缺。

主要的控制措施：企业存货管理实务，应当根据各种存货采购间隔期和当前库存，综合考虑企业的经营计划、市场供求等因素，充分利用信息系统，合理确定存货采购日期和数量，确保存货处于最佳库存状态。考虑到存货取得的风险管控措施主要体现在预算编制和采购环节，将由相关的预算和采购内部控制应用指引加以规范。

（2）验收入库

不论是外购原材料或商品，还是本企业生产的产品，都必须经过验收（质检）环节，以保证存货的数量和质量符合合同等有关规定或产品质量要求。该环节的主要风险是：验收程序不规范、标准不明确，可能导致数量克扣、以次充好、账实不符。

主要的控制措施：

外购存货的验收应当重点关注合同、发票等原始单据与存货的数量、质量规格等核对一致。涉及技术含量较高的货物，必要时可委托具有检验资质的机构或聘请外部专家协助验收。

自制存货的验收，应当重点关注产品质量，检验合格的半成品、产成品才能办理入库手续，对不合格品应及时查明原因、落实责任、报告处理。

其他方式取得存货的验收，应当重点关注存货来源、质量状况、实际价值是否符合有关合同或协议的约定。

经验收合格的存货可进入入库或销售环节。仓储部门对于入库的存货，应根据入库单的内容对存货的数量、质量、品种等进行检查，符合要求的予以入库；不符合要求的，应当及时办理退换货等相关手续。入库记录要真实、完整，定期与财会等相关部门核对，不得擅自修改。

（3）仓储保管

一般而言，生产企业为保证生产过程的连续性，需要对存货进行仓储保管；商品流通企业的存货从购入到销给客户也存在仓储保管环节。该环节的主要风险是存货仓储保管方法不适当、监管不严密，可能导致损坏变质、价值贬损、资源浪费。

主要的控制措施：

存货在不同仓库之间流动时，应当办理出入库手续。

存货仓储期间要按照仓储物资所要求的储存条件妥善储存，做好防火、防洪、防盗、防潮、防病虫害、防变质等保管工作，不同批次、型号和用途的产品要分类存放。生产现场的在加工原料、周转材料、半成品等要按照有助于提高生产效率的方式摆放，同时防止浪费、被盗和流失。

对代管、代销、暂存、受托加工的存货，应单独存放和记录，避免与本单位存货混淆。

结合企业实际情况，加强存货的保险投保，保证存货安全，合理降低存货意外损失风险。

仓储部门应对库存物料和产品进行每日巡查和定期抽检，详细记录库存情况；发现毁损、存在跌价迹象的，应及时与生产、采购、财务等相关部门沟通。对于进入仓库的人员应办理进出登记手续，未经授权的人员不得接触存货。

（4）领用发出

生产企业的生产部门领用原材料、辅料、燃料和零部件等用于生产加工，仓储部门根据销售部门开出的发货单向经销商或用户发出产成品，商品流通领域的批发商根据合同或订货单等向下游经销商或零售商发出商品，消费者凭交款凭证等从零售商处取走商品等，都涉及存货领用发出问题。该环节的主要风险是：存货领用发出审核不严格、手续不完备，可能导致货物流失。

主要的控制措施：企业应当根据自身的业务特点，确定适用的存货发出管理模式，制定严格的存货准出制度，明确存货发出和领用的审批权限，健全存货出库手续，加强存货领用记录。通常情况下，对于一般的生产企业，仓储部门应核对经过审核的领料单或发货通知单的内容，做到单据齐全、名称、规格、计量单位准确；符合条件的准予领用或发出，并与领用人当面核对、点清交付。在商场超市等商品流通企业，在存货销售发出环节应侧重于防止商品失窃、随时整理弃置商品、每日核对销售记录和库存记录等。无论是何种企业，对于大批存货、贵重商品或危险品的发出，均应当实行特别授权；仓储部门应当根据经审批的销售（出库）通知单发出货物。

（5）盘点清查

存货盘点清查一方面是要核对实物的数量，是否与相关记录相符、账实相符；另一方面也要关注实物的质量，是否有明显的损坏。该环节的主要风险是：存货盘点清查制度不完善、计划不可行，可能导致工作流于形式、无法查清存货真实状况。

主要的控制措施：企业应当建立存货盘点清查工作规程，结合本企业实际情况确定盘点周期、盘点流程、盘点方法等相关内容，定期盘点和不定期抽查相结合。盘点清查时，应拟订详细的盘点计划，合理安排相关人员，使用科学的盘点方法，保持盘点记录的完整，以保证盘点的真实性、有效性。盘点清查结果要及时编制盘点表，形成书面报告，包括盘点人员、盘点时间、盘点地点，实际所盘点存货名称、品种、数量、存放情况以及盘点过程中发现的账实不符情况等内容。对盘点清查中发现的问题，应及时查明原因，落实责任，按照规定权限报经批准后处理。多部门人员共同盘点，应当相互制衡，严格按照盘点计划认真记录盘点情况。此外，企业至少应当于每年年度终了开展全面的存货盘点清查，及时发现存货减值迹象，将盘点清查结果形成书面报告。

（6）存货处置

存货销售处置是存货退出企业生产经营活动的环节，包括商品和产成品。对外销售以及存货因变质、毁损等进行的处置。该环节的主要风险是：存货报废处置责任不明确、审批不到位，可能导致企业利益受损。

主要的控制措施：企业应定期对存货进行检查，及时、充分了解存货的存储状态，对于存货变质、毁损、报废或流失的处理要分清责任、分析原因、及时处理。

2. 固定资产

（1）取得固定资产

固定资产涉及外购、自行建造、非货币性资产交换换入等方式。生产设备、运输工具、房屋建筑物、办公家具和办公设备等不同类型固定资产有不同的验收程序和技术要求，同一类固定资产也会因其标准化程度、技术难度等的不同而对验收工作提出不同的要求。通常来说，办公家具、电脑、打印机等标准化程度较高的固定资产验收过程较为简化，对一些复杂的大型生产设备，尤其是定制的高科技精密仪器，以及建筑物竣工验收等，需要一套规范、严密的验收制度。该环节的主要风险是：新增固定资产验收程序不规范，可能导致资产质量不符合要求，进而影响资产运行；固定资产投保制度不健全，可能导致应投保资产未投保、索赔不力，不能有效防范资产损失风险。

主要的控制措施：

建立严格的固定资产交付使用验收制度。企业外购固定资产应当根据合同、供应商发货单等对所购固定资产的品种、规格、数量、质量、技术要求及其他内容进行验收，出具验收单，编制验收报告。企业自行建造的固定资产，应由建造部门、固定资产管理部门和使用部门共同填制固定资产移交使用验收单，验收合格后移交使用部门投入使用。未通过验收的不合格资产不得接收，必须按照合同等有关规定办理退换货或采取其他弥补措施。对于具有权属证明的资产，取得时必须有合法的权属证书。

重视和加强固定资产的投保工作。企业应当通盘考虑固定资产状况，根据其性质和特点，确定和严格执行固定资产的投保范围和政策。投保金额与投保项目力求适当，对应投保的固定资产项目按规定程序进行审批，办理投保手续，规范投保行为，应对固定资产损失风险。对于重大固定资产项目的投保，应当考虑采取招标方式确定保险人，防范固定资产投保舞弊。已投保的固定资产发生损失的，应及时调查原因及受损金额，到保险公司办理相关的索赔手续。

（2）资产登记造册

企业取得每项固定资产后均需要进行详细登记，编制固定资产目录，建立固定资产卡片，便于固定资产的统计、检查和后续管理。该环节的主要风险是：固定资产登记内容不完整，可能导致资产流失、资产信息失真、账实不符。

主要的控制措施：

根据固定资产的定义，结合自身实际情况，制定适合本企业的固定资产目录，列明固定资产编号、名称、种类、所在地点、使用部门、责任人、数量、账面价值、使用年限、损耗等内容，有利于企业了解固定资产使用情况的全貌。

按照单项资产建立固定资产卡片，资产卡片应在资产编号上与固定资产目录保持对应关系，详细记录各项固定资产的来源、验收情况、使用地点、责任单位和责任人、运转情况、维修情况、改造情况、折旧情况、盘点情况等相关内容，便于固定资产的有效识别。固定资产目录和卡片均应定期或不定期复核，保证信息的真实和完整。

（3）固定资产运行维护

该环节的主要风险是：固定资产操作不当、失修或维护过剩，可能造成资产使用效率低下、产品残次率高，甚至发生生产事故或资源浪费。

主要的控制措施：

固定资产使用部门会同资产管理部门负责固定资产日常维修、保养，将资产日常维护流程体制化、程序化、标准化，定期检查，及时消除风险，提高固定资产的使用效率，切实消除安全隐患。

固定资产使用部门及管理部门建立固定资产运行管理档案，并据以制订合理的日常维修和大修理计划，并经主管领导审批。

固定资产实物管理部门审核施工单位资质和资信，并建立管理档案；修理项目应分类，明确需要招投标项目。修理完成，由施工单位出具交工验收报告，经资产使用和实物管理部门核对工程量并审批，重大项目应专项审计。

企业生产线等关键设备的运作效率与效果将直接影响企业的安全生产和产量，操作人员上岗前应由具有资质的技术人员对其进行充分的岗前培训，特殊设备实行岗位许可制度，须持证上岗，必须对资产运转进行实时监控，保证资产使用流程与既定操作流程相符，确保安全运行，提高使用效率。

（4）固定资产升级改造

企业需要定期或不定期对固定资产进行升级改造，以便不断提高产品质量，开发新品种，降低能源资源消耗，保证生产的安全环保。固定资产更新有部分更新与整体更新两种情形，部分更新的目的通常包括局部技术改造、更换高性能部件、增加新功能等方面，须权衡更新活动的成本与效益综合决策；整体更新主要指对陈旧设备的淘汰与全面升级，更侧重于资产技术的先进性，符合企业的整体发展战略。该环节的主要风险是：固定资产更新改造不够，可能造成企业产品线老化、缺乏市场竞争力。

主要的控制措施：

定期对固定资产技术先进性进行评估，结合盈利能力和企业发展可持续性，资产使用部门根据需要提出技改方案，与财务部门一起进行预算可行性分析，并且经过管理部门的审核批准。

管理部门须对技改方案实施过程适时监控、加强管理，有条件的企业应建立技改专项资金，并定期或不定期审计。

（5）资产清查

企业应建立固定资产清查制度，至少每年要全面清查一次，保证固定资产账实相符，及时掌握资产盈利能力和市场价值。固定资产清查中发现的问题，应当查原因，追究责任，妥善处理。该环节的风险主要是：固定资产丢失、毁损等造成账实不符或资产贬值严重。

主要的控制措施：

财务部门须定期组织固定资产使用部门和管理部门进行清查，明确资产权属，确保实物与卡、财务账表相符。在清查作业实施之前编制清查方案，经过管理部门审核后进行相关的清查作业。

在清查结束后，清查人员需要编制清查报告，管理部门须就清查报告进行审核，确保真实性、可靠性。

清查过程中发现的盘盈（盘亏），应分析原因，追究责任，妥善处理，报告审核通过后及时调整固定资产账面价值，确保账实相符，并上报备案。

（6）抵押质押

抵押是指债务人或者第三人不转移对财产的占有权，而将该财产抵押作为债权的担保。当债务人不履行债务时，债权人有权依法以抵押财产折价或以拍卖、变卖抵押资产的价款优先受偿。质押也称"质权"，就是债务人或第三人将其动产移交债权人占有，将该动产作为债权的担保。当债务人不履行债务时，债权人有权依法就该动产卖得的价金优先受偿。企业有时因资金周转等原因以其固定资产做抵押物或质物向银行等金融机构借款，如到期不能归还借款，银行则有权依法以该固定资产折价或拍卖。该环节的主要风险是：固定资产抵押制度不完善，可能导致抵押资产价值低估和资产流失。

主要的控制措施：

加强固定资产抵押、质押的管理，明晰固定资产抵押、质押流程，规定固定资产抵押、质押的程序和审批权限等，确保资产抵押、质押经过授权审批及适当序。同时，应做好相应记录，保障企业资产安全。

财务部门办理资产抵押时，如需要委托专业中介机构鉴定评估固定资产的实际价值，应当会同金融机构有关人员、固定资产管理部门、固定资产使用部门现场勘验抵押品，对抵押资产的价值进行评估。对于抵押资产，应编制专门的抵押资产目录。

（7）固定资产处置

该环节的主要风险是：固定资产处置方式不合理，可能造成企业经济损失。

其主要控制措施为：企业应当建立健全固定资产处置的相关制度，区分固定资产不同的处置方式，采取相应控制措施，确定固定资产处置的范围、标准、程序和审批权限，保证固定资产处置的科学性，使企业的资源得到有效的运用。

对使用期满、正常报废的固定资产，应由固定资产使用部门或管理部门填制固定资产报废单，经企业授权部门或人员批准后对该固定资产进行报废清理。

对使用期限未满、非正常报废的固定资产，应由固定资产使用部门提出报废申请，注明报废理由、估计清理费用和可回收残值、预计处置价格等。企业应组织有关部门进行技术鉴定，按规定程序审批后进行报废清理。

对拟出售或投资转出及非货币交换的固定资产，应由有关部门或人员提出处置申请，对固定资产价值进行评估，并出具资产评估报告。报经企业授权部门或人员批准后予以出售或转让。企业应特别关注固定资产处置中的关联交易和处置定价，固定资产的处置应由独立于固定资产管理部门和使用部门的相关授权人员办理，固定资产处置价格应报经企业授权部门或人员审批后确定。对于重大固定资产处置，应当考虑聘请具有资质的中介机构进行资产评估，采取集体审议或联签制度。涉及产权变更的，应及时办理产权变更手续。

对出租的固定资产由相关管理部门提出出租或出借的申请，写明申请的理由和原因，并由相关授权人员和部门就申请进行审核。审核通过后应签订出租或出借合同，包括合同双方的具体情况、出租的原因和期限等内容。

3. 无形资产

企业应当在对无形资产取得、验收、使用、保护、评估、技术升级、处置等环节进行全面梳理的基础上，明确无形资产业务流程中的主要风险，并采用适当的控制措施实施无形资产内部控制。

（1）无形资产取得与验收。该环节的主要风险是：取得的无形资产不具先进性，或权属不清，可能导致企业资源浪费或引发法律诉讼。

其主要控制措施为：企业应当建立严格的无形资产交付使用验收制度，明确无形资产的权属关系，及时办理产权登记手续。企业外购无形资产，必须仔细审核有关合同协议等法律文件，及时取得无形资产所有权的有效证明文件，同时特别关注外购无形资产的技术先进性；企业自行开发的无形资产，应由研发部门无形资产管理部门和使用部门共同填制无形资产移交使用验收单，移交使用部门使用；企业购入或者以支付土地出让金方式取得的土地使用权，必须取得土地使用权的有效证明文件。当无形资产权属关系发生变动时，应当按照规定及时办理权证转移手续。

（2）无形资产的使用保全。该环节的主要风险是：无形资产使用效率低下，效能发挥不到位；缺乏严格的保密制度，致使体现在无形资产中的商业机密泄露；由于商标等无形资产疏于管理，导致其他企业侵权，严重损害企业利益。

其主要控制措施为：企业应当强化无形资产使用过程的风险管控，充分发挥无形资产对提升企业产品质量和市场影响力的重要作用；建立健全无形资产核心技术保密制度，严格限制未经授权人员直接接触技术资料，对技术资料等无形资产的保管及接触应保有记录，实行责任追究制，保证无形资产的安全与完整；对侵害本企业无形资产的，要积极取证并形成书面调查记录，提出维权对策，按规定程序审核并上报；等等。

（3）无形资产的技术升级与更新换代。该环节的主要风险是：无形资产内含的技术未能及时升级换代，导致技术落后或存在重大技术安全隐患。

其主要控制措施为：企业应当定期对专利、专有技术等无形资产的先进性进行评估。发现某项无形资产给企业带来经济利益的能力受到重大不利影响时，应当考虑淘汰落后技术，同时加大研发投入，不断推动企业自主创新与技术升级，确保企业在市场经济竞争中始终处于优势地位。

（4）无形资产的处置。该环节的主要风险在于：无形资产长期闲置或低效使用，就会逐渐失去其使用价值；无形资产处置不当，往往会造成企业资产流失。

其主要控制措施为：企业应当建立无形资产处置的相关管理制度，明确无形资产处置的范围、标准、程序和审批权限等要求。无形资产的处置应由独立于无形资产管理部门和使用部门的其他部门或人员按照规定的权限和程序办理；应当选择合理的方式确定处置价格，并报经企业授权部门或人员审批；重大的无形资产处置，应当委托具有资质的中介机构进行资产评估。

第二节 采购业务销售业务控制

一、采购业务控制

采购，是指企业在一定的条件下从供应市场获取产品或服务作为企业资源，以保证企业生产及经营活动正常开展的一项企业经营活动；是指个人或单位在一定的条件下从供应市场获取产品或服务作为自己的资源，为满足自身需要或保证生产、经营活动正常开展的一项经营活动。

（一）采购业务内部控制的总体要求

1. 完善采购管理制度

企业应当结合实际情况，全面梳理采购业务流程，完善采购业务相关管理制度，统筹安排采购计划，明确请购、审批、购买、验收、付款、采购后评估等环节的职责和审批权限，确保管理流程科学合理，能够较好地保证物资和劳务供应顺畅。

2. 严格执行与监控

企业各部门按照规定的审批权限和程序办理采购业务，落实责任制，建立价格监督机制，定期检查和评价采购过程中的薄弱环节，采取有效控制措施，确保物资和劳务采购能够经济、高效地满足企业的生产经营需要。

（二）采购业务流程

采购业务流程一般从编制需求计划和采购计划开始，通过请购、选择供应商，然后根据实际情况来确定采购价格，通过谈判协商订立采购合同，进一步管理供应过程，并验收、入库（退货）付款，最终实现会计控制等环节。

（三）采购业务的主要风险点

1. 编制需求计划和采购计划环节

采购业务从计划（或预算）开始，包括需求计划和采购计划。企业实务中，需求部门一般根据生产经营需要向采购部门提出物资需求计划。采购部门根据该需求计划归类汇总平衡现有库存物资后，统筹安排采购计划，并按规定的权限和程序审批后执行。主要风险有：需求或采购计划不合理、不按实际需求安排采购或随意超计划采购，甚至于生存经营计划不协调等，造成企业资源浪费或库存成本上升，从而影响企业正常生产经营。不按规定维护安全库存、未按照要求及时调整采购计划，影响企业正常运行。

此环节的关键控制要点：生产经营部门应根据实际需求情况，及时编制需求计划。需求部门提出需求计划时，不能指定或变相指定供应商。企业根据发展目标实际需要，结合库存和在途情况，科学安排采购计划。采购计划应纳入采购预算管理，经相关负责人审批后，作为企业刚性指令严格要求。

2. 请购环节

请购是指企业生产经营部门根据采购计划和实际需要提出的采购申请。主要风险有：缺乏采购申请制度，造成企业管理混乱；请购未经适当审批或超越授权审批，可能导致采购物资过量或短缺，影响企业正常生产经营。

此环节的关键控制要点：建立采购申请制度。企业根据实际需要设置专门的请购部门对需求部门提出的采购计划进行审核，并归类汇总，统筹安排企业的采购计划。在审批采购申请时，应重点关注采购申请内容是否准确、完整，是否符合生产经营需要，是否符合采购计划，是否在采购预算范围内。对于不符合采购要求的，应要求请购部门调整请购内容或者拒绝批准。

3. 选择供应商环节

选择供应商也就是确定采购渠道。它是企业采购业务流程中非常重要的环节。主要风险有：缺乏完善的供应商管理办法，无法及时考核供应商，导致供应商选择不当，影响企业利润。大额采购未实行招投标制度，可能导致采购物资质次价高，甚至出现舞弊行为。

此环节的关键控制要点：建立科学的供应商评估和准入制度，对供应商信誉情况的真实性和合法性进行审查。必要时，企业可委托具有相应资质的中介机构对供应商进行资信检查。建立供应商管理信息系统和供应商淘汰制度，对供应商提供物资或劳务的质量、价格、交货及时性等进行实时的考察和评价，并在供应商管理系统中做好相应记录。

4. 确定采购价格环节

如何以最优性价比采购到符合需求的物资，是采购部门永恒的主题。主要风险有：采购定价机制不科学，采购定价方式选择不当，缺乏对重要物资品种价格的跟踪监控，引起采购价格不合理，可能造成企业资金流失。内部稽核制度不完善，导致因回扣现象等造成企业损失。

此环节的关键控制要点：健全采购定价机制，采取协议采购、招标采购、比价采购、动态竞价采购等多种方式，科学合理地确定采购价格。建立采购价格数据库，定期开展重要物资的市场需求形势及价格走势、商情分析并合理利用。

5. 订立采购合同环节

采购合同是指企业根据采购需要、确定的供应商、采购方式、采购价格等情况与供应商签订的具有法律约束力的协议。主要风险有：未经授权对外订立采购合同，合同对方主题资格、履约能力等未达要求，合同内容存在重大疏漏或欺诈，可能导致企业合法权益受到损害。未能根据市场情况及时调整合同内容，造成企业采购行为脱离市场供需情况。

订立采购合同的关键控制要点：根据确定的供应商、采购方式、采购价格情况，准确描述合同条款，明确双方权利、义务和违约责任，按照规定权限签署采购合同。

6. 管理供应过程环节

管理供应过程，主要指企业建立严格的采购合同跟踪制度，科学评价供应商的供货情况，并根据合理选择的运输工具和运输方式，办理运费投保事宜，实时掌握物资采购供应过程中的情况。主要风险有：缺乏对采购合同履行情况的有效跟踪，运输方式选择不合理，忽略运输过程的风险，导致物资损失或无法保证供应。未对供应商的供应过程做好记录，导致供应商过程评价缺少原始资料。

此环节的关键控制要点：对重要物资建立并执行合同履约过程中的巡视、点检和监造制度。实行全过程的采购登记制度或信息化管理，确保采购过程的可追溯性。

7. 验收环节

验收环节是指企业对采购物资的检验接收，以确保其符合合同规定或者产品质量要求。主要风险有：验收标准不明确，验收程序不规范，导致不合格产品流入企业。对验收过程中的异常情况不做及时处理，导致账实不符，给企业造成损失。

验收环节的关键控制要点：制度明确的采购验收标准，结合物资特性确定必检物资目录，规定此类物资出具质量检验报告方可入库。验收人员应当根据采购合同及质量检验部门出具的质量检验证明，重点关注采购合同、发票等原始单据与采购物资的数量、质量、规格型号等核对一致。对验收合格的物资，要填制入库凭证。验收时涉及技术性强的、大宗的和新特物资，还应进行专业测试，必要时可委托具有检验资质的机构或者聘请外部专家协助验收。

（四）完善企业采购业务内部控制的措施

1. 设计采购作业流程

企业要明确合同签订流程。首先，各部门根据需要提出采购计划，采购计划经分管部门领导审批通过后编制相关请购单交采购部门审核。其次，采购部门按通过审核的请购单事项进行招标采购，经过供应商筛选、产品打样、价格谈判等环节，选出本次采购的供应商，签订协议或合同。同时采购部门也应进行供货过程控制，确保所采购产品及时有效地投入生产。再次，采购部门、验收部门、仓储部门应密切配合，做好产品的到货验收、仓储以及品质反馈工作，并编制相关记录与凭证，以备控制和查验，对其中不符合要求的产品由采购部门协商退货及议定新交货期。最后，由会计部门进行账务处理及应付账款的交付。

2. 集中采购管理，建立采购事务的集体决策机制

年初，由采购部门将企业其他部门的采购计划进行集中，整合成一个统一的采购计划。由采购部门与供应商进行洽谈，统一完成采购方的采购计划，降低采购成本。同时，利用集中库存，避免质量验收标准不一致带来的影响。

3. 相互牵制和配合协调配合并行

采购人员的定期轮换，可以有效避免采购人员与供应商之间的串联舞弊。明确采购人员职责，有助于提高工作效率，划分责权利，避免相互推诿，有利于绩效考核（如表4-1所示）。

4. 实现基础信息高度共享

企业可以要求所有的采购单据都要及时在计算机中进行维护，使得业务的可追溯性增强。可随时查询任何时间与任何供应商发生的采购业务，并可以查出该笔业务所处的状态，包括库存接收的数量、采购退货的数量、发票数量、金额等，减少了业务操作中的人

为因素。另外，由专人定期按照设定的指标对供应商的状态进行分析，包括供应商供货质量分析、数量分析等，并从中总结规律，制定相应的供应商管理策略。如设定相应的配额和询价优先级等，使各个部门的信息高度共享，加强了彼此之间的监督。

表 4-1 采购人员具体职责

	具体职责
采购主管	拟订采购部门工作方针与目标，编制年度采购计划及预算； 负责主要物料的采购（组织、检查）工作，签订采购合同； 建立并完善企业采购制度，做好部门间的协调工作； 与供应商建立长期的战略合作伙伴关系
采购经理	分派采购人员的日常工作； 协助采购人员与供应商商谈价格、付款方式、交货日期等； 负责一般物料的采购（组织、检查）工作； 追踪采购进度，督导保险、索赔等事宜； 负责市场调研及供应商的考核
采购人员	经办一般物料的采购，查访厂商，与供应商洽谈具体业务； 处理退货及一般索赔案件，收集价格情报及替代品资料
会计人员	负责请购单验收单及相关的账务登记工作

二、销售业务控制

企业强化销售业务管理，应当对现行销售业务流程进行全面梳理，查找管理漏洞，及时采取切实可行的措施加以改正；与此同时，还应当注重健全相关管理制度，明确以风险为导向的、符合成本效益原则的销售管控措施，实现与生产、资产、资金等方面管理的衔接，落实责任制，有效防范和化解经营风险。

（一）销售业务的流程

销售与收款业务是指销售商品、提供劳务并取得货款的行为，主要包括确定客户、订立销售合同、客户信用审核、发货、销售发票的开具、销售货物以及应收账款控制等环节的业务。企业销售业务流程主要包括销售计划管理、客户开发与信用管理、销售定价、订立销售合同、发货、收款、客户服务和会计系统控制等环节。企业在实际开展销售业务时可以参照此流程，并结合自身业务特点和管理要求，构建和优化销售业务流程。销售与收款业务内部控制与风险管理目标：第一，规范销售行为，防止销售过程中的差错与舞弊；

第二，建立健全客户信用评价管理体系，规避及减少信用风险；第三，加强销售合同管理，规范经营行为，防范经营风险；第四，规范销售发票开具行为，准确确认收入，确保收入的真实、完整；第五，加强应收账款管理，降低坏账风险。

（二）销售与收款业务的主要风险与控制措施

1. 销售计划管理

销售计划是指在进行销售预测的基础上，结合企业生产能力，设定总体目标额及不同产品的销售目标额，进而为能实现该目标而设定具体营销方案和实施计划以支持未来一定期间内销售额的实现。该环节主要风险是：销售计划缺乏或不合理或未经授权审批，导致产品结构和生产安排不合理，难以实现企业生产经营的良性循环。

主要的控制措施：

（1）企业应当根据发展战略和年度生产经营计划，结合企业实际情况，制订年度销售计划。在此基础上，结合客户订单情况，再制订月度销售计划，并按规定的权限和程序审批后下达执行。

（2）定期对各产品（商品）的区域销售额、进销差价、销售计划与实际销售情况等进行分析，结合生产现状，及时调整销售计划，调整后的销售计划须履行相应的审批程序。

2. 客户开发与信用管理

企业应当积极开拓市场份额，加强现有客户维护，开发潜在目标客户，对有销售意向的客户进行资信评估，根据企业自身风险接受程度确定具体的信用等级。该环节的主要风险是：现有客户管理不足、潜在市场需求开发不够，可能导致客户丢失或市场拓展不力；客户档案不健全，缺乏合理的资信评估，可能导致客户选择不当，销售款项不能收回或遭受欺诈，从而影响企业的资金流转和正常经营。

主要的控制措施：

（1）定价机制和信用方式控制。企业应当在进行充分市场调查的基础上，合理细分市场并确定目标市场，根据不同目标群体的具体需求，确定定价机制和信用方式，灵活运用销售折扣、销售折让、信用销售、代销和广告宣传等多种策略和营销方式，促进销售目标实现，不断提高市场占有率。

（2）客户信用销售业务档案控制。建立和不断更新维护客户信用动态档案，由与销售部门相对独立的信用管理部门对客户付款情况进行持续跟踪和监控，提出划分、调整客户信用等级的方案。根据客户信用等级和企业信用政策,拟定客户赊销限额和时限,经销售、财会等部门具有相关权限的人员审批。对于境外客户和新开发客户,应当建立严格的信用保证制度。

3. 销售定价

销售定价是指商品价格的确定、调整及相应审批。该环节的主要风险是:定价或调价不符合价格政策,未能结合市场供需状况、盈利测算等进行适时调整,造成价格过高或过低、销售受损;商品销售价格未经恰当审批或存在舞弊,可能导致损害企业经济利益或者企业形象。

主要的控制措施:

(1)基准定价控制。应根据有关价格政策、综合考虑企业财务目标、营销目标、产品成本、市场状况及竞争对手情况等多方面因素,确定产品基准定价。定期评价产品基准价格的合理性,定价或调价须经具有相应权限人员的审核批准。

(2)价格浮动控制。在执行基准定价的基础上,针对某些商品可以授予销售部门一定限度的价格浮动权,销售部门可结合产品市场特点,将价格浮动权向下实行逐级递减分配,同时明确权限执行人。价格浮动权限执行人必须严格遵守规定的价格浮动范围,不得擅自突破。

(3)销售折扣与折让控制。销售折扣、销售折让等政策的制定应由具有相应权限人员审核批准。销售折扣、销售折让授予的实际金额、数量、原因及对象应予以记录,并归档备查。

4. 订立销售合同

企业与客户订立销售合同,明确双方权利和义务,以此作为开展销售活动的基本依据。该环节的主要风险是:合同内容存在重大疏漏和欺诈,未经授权对外订立销售合同,可能导致企业合法权益受到侵害;销售价格、收款期限等违背企业销售政策,可能导致企业经济利益受损。

主要的控制措施:

(1)合同谈判控制。订立销售合同前,企业应当指定专门人员与客户进行业务洽谈、磋商或谈判,关注客户信用状况,明确销售定价、结算方式、权利与义务条款等相关内容。重大的销售业务谈判还应当吸收财会、法律等专业人员参加,并形成完整的书面记录。

(2)合同审批控制。企业应当建立健全销售合同订立及审批管理制度,明确必须签订合同的范围，规范合同订立程序，确定具体的审核、审批程序和所涉及的部门人员及相应权责。审核、审批应当重点关注销售合同草案中提出的销售价格、信用政策、发货及收款方式等。重要的销售合同，应当征询法律专业人员的意见。销售合同草案经审批同意后，企业应授权有关人员与客户签订正式销售合同。

5. 发货

发货是根据销售合同的约定向客户提供商品的环节。该环节的主要风险是：未经授权发货或发货不符合合同约定，可能导致货物损失或客户与企业产生销售争议、销售款项不能收回。

主要的控制措施：

（1）销售部门应当按照经审核后的销售合同开具相关的销售通知单交仓储部门和财会部门。

（2）仓储部门应当落实出库、计量、运输等环节的岗位责任，对销售通知进行审核，严格按照所列的发货品种和规格、发货数量、发货时间、发货方式、接货地点等，按规定时间组织发货，形成相应的发货单据，并连续编号。

（3）相关部门应当以运输合同或条款等形式明确运输方式、商品短缺、毁损或变质的责任、到货验收方式、运输费用承担、保险等内容，货物交接环节应做好装卸和检验工作，确保货物的安全发运，由客户验收确认。

（4）相关部门应当做好发货各环节的记录，填制相应的凭证，设置销售台账，实现全过程的销售登记制度。

6. 收款

收款是指企业经授权发货后与客户结算的环节，按照发货时是否收到货款，可分为现销和赊销。该环节的主要风险是：企业信用管理不到位，结算方式选择不当，票据管理不善，账款回收不力，导致销售款项不能收回或遭受欺诈；收款过程中存在舞弊，使企业经济利益受损。

主要的控制措施：

（1）结合公司销售政策，选择恰当的结算方式，加快款项回收，提高资金的使用效率。对于商业票据，结合销售政策和信用政策，明确应收票据的受理范围和管理措施。

（2）建立票据管理制度，特别是加强商业汇票的管理：一是对票据的取得、贴现、背书、保管等活动予以明确规定；二是严格审查票据的真实性和合法性，防止票据欺诈；三是由专人保管应收票据，对即将到期的应收票据，及时办理托收，定期核对盘点；四是票据贴现、背书应经恰当审批。

（3）加强赊销管理。一是需要赊销的商品，应由信用管理部门按照客户信用等级审核，并经具有相应权限的人员审批；二是赊销商品一般应取得客户的书面确认，必要时，要求客户办理资产抵押、担保等收款保证手续；三是应完善应收款项管理制度，落实责任，严格考核，实行奖惩。销售部门负责应收款项的催收，催收记录（包括往来函电）应妥善保存。

（4）加强代销业务款项的管理，及时与代销商结算款项。

（5）收取的现金、银行本票、汇票等应及时缴存银行并登记入账，防止由销售人员直接收取款项，如必须由销售人员收取的，应由财会部门加强监控。

7. 客户服务

客户服务是在企业与客户之间建立信息沟通机制，对客户提出的问题，企业应予以及时解答或反馈、处理，不断改进商品质量和服务水平，以提升客户满意度和忠诚度。客户服务包括产品维修、销售退回、维护升级等。该环节的主要风险是：客户服务水平低，消费者满意度不足，影响公司品牌形象，造成客户流失。

主要的控制措施：

（1）结合竞争对手客户服务水平，建立和完善客户服务制度，包括客户服务内容、标准、方式等。

（2）设专人或部门进行客户服务和跟踪。有条件的企业可以按产品线或地理区域建立客户服务中心。加强售前、售中和售后技术服务，使客户服务人员的薪酬与客户满意度挂钩。

（3）建立产品质量管理制度，加强销售、生产、研发、质量检验等相关部门之间的沟通协调。

（4）做好客户回访工作，定期或不定期地开展客户满意度调查；建立客户投诉制度，记录所有的客户投诉，并分析产生原因及解决措施。

（5）加强销售退回控制。销售退回须经具有相应权限的人员审批后方可执行；销售退回的商品应当参照物资采购入库管理。

8. 会计系统控制

会计系统控制是指利用记账、核对、岗位职责落实和相互分离、档案管理、工作交接程序等会计控制方法，确保企业会计信息真实、准确、完整。会计系统控制包括销售收入的确认、应收款项的管理、坏账准备的计提和冲销、销售退回的处理等内容。该环节的主要风险是：缺乏有效的销售业务会计系统控制，可能导致企业账实不符、账证不符、账账不符或者账表不符，影响销售收入、销售成本、应收款项等会计核算的真实性和可靠性。

主要的控制措施：

（1）企业应当加强对销售、发货、收款业务的会计系统控制，详细记录销售客户、销售合同、销售通知、发运凭证、商业票据、款项收回等情况，确保会计记录、销售记录与仓储记录一致。具体为：财会部门开具发票时，应当依据相关单据（计量单、出库单、货款结算单、销售通知单等）并经相关岗位审核。销售发票应遵循有关发票管理规定，严禁开具虚假发票。财会部门对销售报表等原始凭证审核销售价格、数量等，并根据国家统一的会计准则制度确认销售收入，登记入账。财会部门与相关部门月末应核对当月销售数量，保证各部门销售数量的一致性。

（2）建立应收账款清收核查制度，销售部门应定期与客户对账，并取得书面对账凭证，财会部门负责办理资金结算并监督款项回收。

（3）及时收集应收账款相关凭证资料并妥善保管；及时要求客户提供担保；对未按时还款的客户，采取申请支付令、申请诉前保全和起诉等方式及时清收欠款。对收回的非货币性资产应经评估和恰当审批。

（4）企业对于可能成为坏账的应收账款，应当按照国家统一的会计准则规定计提坏账准备，并按照权限范围和审批程序进行审批。对确定发生的各项坏账，应当查明原因，明确责任，并在履行规定的审批程序后做出会计处理。企业核销的坏账应当进行备查登记，做到账销案存。已核销的坏账又收回时应当及时入账，防止形成账外资金。

第三节　研究与开发控制

研究与开发是企业核心竞争力的本源，是促进企业自主创新的重要体现，是企业加快转变经济发展方式的强大推动力。钱学森同志曾经说过，科技创新就是自主研发拥有曾经"买不到、买不起、买回来已落后"的核心技术；即使买到产品，也买不到产权；买到产权，也买不到知识；买到知识，也买不到人才。由此说明，创新、产权、知识、人才是核心资源，自主创新是第一要务。

一、研究与开发的业务流程

研究与开发，是指企业为获取新产品、新技术和新工艺等所开展的各种研发活动。但是，研发活动具有投入大、周期长、不确定性高的特点，因此研发活动的成败对企业生产经营影响较大。加强研发活动控制，有利于促进企业自主创新、增强核心竞争力、有效控制研发风险以及实现发展战略。通过梳理研究与开发业务流程，针对主要风险点和关键环节，采取切实有效的控制措施，不断提升研发活动全过程的风险管控效能。

二、研究与开发的主要风险和控制措施

（一）立项

立项主要包括立项申请、评审和审批。该环节的主要风险是：研发计划与国家（或企业）科技发展战略不匹配，研发承办单位或专题负责人不具有相应资质，研究项目未经科学论证或论证不充分，评审和审批环节把关不严，可能导致创新不足或资源浪费。

主要的控制措施：

（1）建立完善的立项、审批制度，确定研究开发计划制定原则和审批人，审查承办单位或专题负责人的资质条件和评估、审批流程等。

（2）结合企业的发展战略、市场及技术现状，制订研究项目开发计划。

（3）企业应当根据实际需要，结合研发计划，提出研究项目立项申请，开展可行性研究，编制可行性研究报告。企业可以组织独立于申请及立项审批之外的专业机构和人员进行评估论证，出具评估意见。

（4）研究项目应当按照规定的权限和程序进行审批，重大研究项目应当报经董事会或类似权力机构集体审议决策。审批过程中，应当重点关注研究项目促进企业发展的必要性、技术的先进性以及成果转化的可行性。

（5）制定开题计划和报告，开题计划经科研管理部门负责人审批，开题报告应对市场需求与效益、国内外在该方向的研究现状、主要技术路线、研究开发目标与进度、已有条件与基础、经费等进行充分论证、分析，保证项目符合企业需求。

（二）研发过程管理

研发过程是研发的核心环节。实务中，研发通常分为自主研发、委托研发和合作研发。本节主要介绍自主研发。自主研发是指企业依靠自身的科研力量独立完成项目，包括原始创新、集成创新和在引进消化基础上的再创新三种类型。其主要风险包括：第一，研究人员配备不合理，导致研发成本过高、舞弊或研发失败；第二，研发过程管理不善、费

用失控或科技收入形成账外资产，影响研发效率，提高研发成本甚至造成资产流失；第三，多个项目同时进行时，相互争夺资源，出现资源的短期局部缺乏，可能造成研发效率下降；第四，研究过程中未能及时发现错误，导致修正成本提高；第五，科研合同管理不善，导致权属不清，知识产权存在争议。

主要的控制措施：

（1）建立研发项目管理制度和技术标准，建立信息反馈制度和研发项目重大事项报告制度，严格落实岗位责任制。

（2）合理设计项目实施进度计划和组织结构，跟踪项目进展，建立良好的工作机制，保证项目顺利实施。

（3）精确预计工作量和所需资源，提高资源使用效率。

（4）建立科技开发费用报销制度，明确费用支付标准及审批权限，遵循不相容岗位牵制原则，完善科技经费入账管理程序，按项目正确划分资本性支出和费用性支出，准确开展会计核算，建立科技收入管理制度。

（5）开展项目中期评审，及时纠偏调整；优化研发项目管理任务分配方式。

（三）结题验收

结题验收是对研究过程形成的交付物进行质量验收。结题验收分检测鉴定、专家评审、专题会议等三种方式。其主要风险包括：由于验收人员的技术、能力、独立性等造成验收成果与事实不符；测试与鉴定投入不足，导致测试与鉴定的不充分，不能有效地降低技术失败的风险。

主要的控制措施：

（1）建立健全技术验收制度，严格执行测试程序。

（2）对验收过程中发现的异常情况应重新进行验收申请或补充进行研发，直至研发项目达到研发标准为止。

（3）落实技术主管部门验收责任，由独立的、具备专业胜任能力测试人员进行鉴定试验，并按计划进行正式的、系统的、严格的评审。

（4）加大企业在测试和鉴定阶段的投入，对重要的研究项目可以组织外部专家参加鉴定。

（四）研究成果开发

研究成果开发是指企业将研究成果经过开发过程转换为企业的产品。其主要风险包括：研究成果转化应用不足，导致资源闲置；新产品未经充分测试，导致大批量生产不成熟或成本过高；营销策略与市场需求不符，导致营销失败。

主要的控制措施：

（1）建立健全研究成果开发制度，促进成果及时有效转化。

（2）科学鉴定大批量生产的技术成熟度，力求降低产品成本。

（3）坚持开展以市场为导向的新产品开发消费者测试。

（4）建立研发项目档案，推进有关信息资源的共享和应用。

（五）研究成果保护

研究成果保护是企业研发管理工作的有机组成部分。有效的研发成果保护，可保护研发企业的合法权益。其主要风险包括：未能有效识别和保护知识产权，权属未能得到明确规范，开发出的新技术或产品被限制使用；核心研究人员缺乏管理激励制度，导致形成新的竞争对手或技术秘密外泄。

主要的控制措施：

（1）进行知识产权评审，及时取得权属。

（2）研发完成后确定采取专利或技术秘密等不同保护方式。

（3）利用专利文献选择较好的工艺路线。

（4）建立研究成果保护制度，加强对专利权、非专利技术、商业秘密及研发过程中形成的各类涉密图纸、程序、资料的管理，严格按照制度规定借阅和使用，禁止无关人员接触研究成果。

（5）建立严格的核心研究人员管理制度，明确界定核心研究人员范围和名册清单并与之签署保密协议。

（6）企业与核心研究人员签订劳动合同时，应当特别约定研究成果归属、离职条件、离职移交程序、离职后保密义务、离职后竞业限制年限及违约责任等内容。

第四节　工程项目控制

一、工程项目控制的总体要求

企业要全面梳理工程立项、招标、造价、建设、验收等各环节的流程，明确相关部门和岗位的职责权限，完善工程项目各项管理制度，确保全面实现工程项目控制目标。

（一） 全面梳理工程项目各环节业务流程

加强工程项目控制，首先要全面梳理工程项目各个环节业务流程，针对各风险领域查找、界定关键控制点。在对工程项目的流程进行梳理时应当遵照两个原则：一是要确保法规的遵循性；二是要保证基本流程的完整性。

相比企业的其他经营活动，工程项目在立项、设计、招标、建设、验收等方面面临的监管要求更为严格。比如，国家规定年产 50 万吨及以上钾矿肥项目由国务院投资主管部门核准，其他磷、钾矿肥项目由地方政府主管部门核准；建筑工程开工前，建设单位应当向工程所在地县级以上人民政府建设行政主管部门申请领取施工许可证等。此类规定很多，每个环节上都有许多法律规范性要求。这就要求企业在梳理工程项目业务流程时，一定要认真关注流程设计是否符合法规要求，凡国家法律法规对工程项目审批、核准、备案等有明确规定的，必须体现在流程控制之中。

工程项目的流程还应当贯穿工程项目的全过程。企业应当按照工程形成的顺序依次检查立项至验收（包括后评估）的流程，重点关注流程是否完整，前后是否顺利衔接，是否按照规定的程序排列。对于某些企业，工程项目可能是其经营发展中的重要组成部分，如石油勘探、交通建设，常年都有大量的工程项目。但对更多的企业而言，工程项目尤其是大型工程，发生的频率并不高。而且，同一企业工程项目类型不同，复杂程度也会不同。无论企业发生的工程项目有多少，复杂程度如何，基本流程都是一样的。很多企业实务中会将工程设计、施工等出包给专业机构，对于这样的企业，业务和控制流程不能因为出包行为而中断，但其流程和控制措施可以相对简化和有所变化。

（二） 明确相关部门和岗位的职责权限

工程项目业务复杂，涉及的内设职能部门和工作岗位众多，如企业规划发展部门、工程管理部门、设计部门、造价管理部门、物资供应部门、财务部门、审计部门等。企业应当在全面梳理工程项目业务流程的基础上，健全项目管理组织体系，明确相关部门和岗位的职责权限，确保办理工程项目业务中的不相容职务，包括可行性研究与决策、概预算编制与审核、项目实施与价款支付、竣工决算与审计等相互分离、相互制约、相互监督。

工程建设具有专业性和复杂性的特点，建设过程中涉及的利益主体较多，包括勘察单位、设计单位、监理单位、施工单位等。因此，工程项目的控制范围不仅局限于企业内部，而且还包括大量与企业外相关主体之间的权责划分、沟通协调。但不相容职务相互分离、相互监督、全程监控的原则都是一致的。

建设单位通常是指工程项目的投资主体或投资者，它是工程项目管理的主体。需要注意的是，上述这些主体之间并不是完全割裂的。如：对于自建项目，建设单位和施工单位就是同一家，具有监理资质的设计单位也可以承担监理工作等；对于大型企业集团而言，勘察单位、设计单位、施工单位等可能是其二级单位。但重合的前提是执行和监督必须相互独立，严禁在同一经营实体或同一行政单位直接管辖范围内搞设计、施工、监理"一条龙"作业。

（三）完善工程项目各项管理制度

梳理业务流程、明确职责权限，是为了根据权责分配和岗位职责，结合业务运行中的关键部位和薄弱环节更好地履行管控职能。与此同时，必须将业务流程、职责权限和管理要求等有机结合，形成具有科学性、规范性和约束力的工程项目管理制度，实现以制度管人，按制度办事，促进工程项目规范、廉洁、高效运行。一般而言，企业应当不断建立并完善工程项目质量控制制度、进度控制制度、财务管理制度、资金管理制度、成本控制制度、招标投标制度、合同管理制度、施工现场管理制度、物资采购制度、档案管理制度、项目考核与评价制度等，并采取措施推动各项管理制度有效执行。

二、工程项目的主要风险和控制措施

（一）工程立项

工程立项属于项目决策过程，是对拟建项目的必要性和可行性进行技术经济论证，对不同建设方案进行技术经济比较并做出判断和决定的过程。工程立项阶段主要包括编制项目建议书、可行性研究、立项评审和立项决策四个环节。

1. 编制项目建议书

项目建议书主要对拟建项目提出框架性总体设想。项目建议书的主要内容包括：项目的必要性和依据、产品方案、拟建规模、建设地点、投资估算、资金筹措、项目进度安排、经济效果和社会效益的估计、环境影响的初步评价等。

该环节的主要风险包括：工程项目与企业发展战略与国家产业政策不符；项目建议书内容不完整、不合规，如拟建规模不明确以及投资估算、资金筹措与项目进度安排不协调等。

主要控制措施：

（1）企业应当指定专门机构归口管理工程项目，并根据发展战略和年度投资计划，结合国家产业政策，提出项目建议书。

（2）应规定项目建议书的主要内容和编制要求，对项目建议书的内容充分地进行分析论证。

2. 可行性研究

可行性研究是对建设项目在技术、财务、经济、政策支持、外部协作等方面进行全面分析，为立项决策提供依据。可行性研究报告的内容主要包括：项目概况，项目建设的必要性，市场预测，项目建设选址及建设条件论证，建设规模和建设内容，项目外部配套建设，环境保护，劳动保护与卫生防疫，消防、节能、节水，总投资及资金来源，经济、社会效益，项目建设周期及进度安排以及《中华人民共和国招标投标法》规定的相关内容等。

该环节的主要风险包括缺乏可行性研究、可行性研究流于形式或深度不够等，无法为立项决策提供充分、可靠的依据，盲目上马，可能导致难以实现预期效益或项目失败。

主要控制措施：

（1）企业应当明确可行性研究报告的内容和编制要求，对项目可行性进行深入分析。

（2）可以委托具有相应资质的专业机构开展可行性研究，并按照有关要求形成可行性研究报告。

3. 立项评审

企业应当组织规划、工程、技术、财会、法律等部门的专家对项目建议书和可行性研究报告进行充分论证和评审，出具评审意见，作为项目决策的重要依据。该环节的主要风险包括：项目评审流于形式、评审不科学等，可能造成决策失误。

主要控制措施：

（1）在项目评审过程中，应当重点关注项目投资方案、投资规模、资金筹措、生产规模、投资效益、布局选址、技术、安全、设备、环境保护等方面，核实相关资料的来源和取得途径是否真实、可靠和完整。

（2）企业可以委托具有相应资质的专业机构对可行性研究报告进行评审，并出具评审意见。

（3）从事项目可行性研究的专业机构不得再从事可行性研究报告的评审。

4. 立项决策

企业应当按照规定的权限和程序对工程项目进行决策。该环节的主要风险包括决策程序不规范、造成决策失误、缺乏责任追究制度等。

主要控制措施：

（1）按规定权限和程序对工程项目进行决策。决策过程应有完整的书面记录。

（2）重大工程项目的立项应当报经董事会或类似权力机构集体审议批准。总会计师或分管会计工作的负责人应当参与项目决策。任何个人不得单独决策或者擅自改变集体决策意见。工程项目决策失误应当实行责任追究制度。

（3）企业应当在工程项目立项后、正式施工前，依法取得建设用地、城市规划、环境保护、安全、施工等方面的许可，并核实取得材料的合法合规性。

（二）工程设计

工程立项后，要进行工程设计。设计阶段是影响工程投资最主要的阶段，一般可分为初步设计和施工图设计两个阶段。

1. 初步设计

初步设计是整个设计构思基本形成的过程，主要明确建设的技术可行性和经济合理性，同时确定主要技术方案、工程总造价等。编制初步设计概算是初步设计阶段的一项重要工作，即计算从筹建到竣工验收、交付使用的预期造价。

该环节的主要风险包括：设计单位资质达不到项目要求；审计人员研究不透彻，设计出现较大疏漏；未进行多方案比选；设计深度不够，影响施工。

主要控制措施：

（1）应选择有资质、有经验的设计单位，可以外聘设计单位。

（2）应向招标确定的设计单位提供详细的设计要求和基础资料，进行有效的技术、经济交流，并在此基础上，采用先进的设计管理实务技术，进行多方案对比。

（3）建立严格的初步设计审查和批准制度，确保评审质量。

2. 施工图设计

施工图设计是通过图纸把设计者的意图和设计结果呈现出来，作为施工的依据。与施工图设计关联的是施工图预算。施工图预算是施工单位投标报价的重要参考依据。

该环节的主要风险包括：预算严重脱离实际，可能导致项目投资失控；设计深度不足、设计缺陷，造成施工组织、工期、工程质量、投资失控以及生产运行成本过高；工程设计与后续施工衔接不当，导致技术方案未得到有效落实。

主要控制措施：

（1）企业应当建立严格的概预算编制与审核制度。应当组织工程、技术、财会等部门的相关专业人员或委托具有相应资质的中介机构对编制的概预算进行审核，重点审查编制依据、项目内容、工程量的计算、定额套用等是否真实、完整和准确，确保概预算的科学合理。

（2）建立严格的施工图设计管理制度和交底制度，且按项目要求的进度交付施工图设计深度及图纸，提高设计质量，防止设计深度不足或设计缺陷带来的问题。

（3）建立设计变更管理制度。设计单位应当提供全面、及时的现场服务，避免设计与施工相脱节的现象发生。因过失造成设计变更的，应当进行责任追究。

（三）工程招标

工程招标是指建设单位在立项之后、项目发包之前，依照法定程序，以公开招标或邀请招标等方式，鼓励潜在的投标人依据招标文件参与竞争，通过评标择优选定中标人的一种经济活动。企业的工程项目一般应当采用公开招标的方式，择优选择具有相应资质的承包单位和监理单位。招标过程包括招标，投标，开标、评标和定标，签订施工合同四个主要环节。

1. 招标

招标工作包括招标前期准备、招标公告和资格预审公告的编制与发布等。该环节的主要风险包括违背工程施工组织设计和招标设计计划，将工程肢解，投标资格不公平、不合理，违法违规泄露标底等。

主要控制措施：

（1）不得违背工程施工组织设计和招标设计计划，将应由一个承包单位完成的工程肢解为若干部分发包给几个承包单位。

（2）遵循公开、公正、平等竞争的原则，发布招标公告，提供包含招标工程的主要技术要求、主要合同条款、评标的标准和方法以及开标、评标、定标的程序等内容的招标文件。

（3）严格根据项目特点确定投标人的资格要求，做到公平合理。

（4）企业可以根据项目特点决定是否编制标底。需要编制标底的，标底编制过程和标底应当严格保密。

2. 投标

投标阶段包括现场考察、投标预备会以及投标文件的编制和送达。该环节的主要风险包括招标人与投标人串通投标或投标人之间串通舞弊，投标人资质不符合要求、以他人名义投标等，影响工程质量。

主要控制措施：

（1）在确定中标人前，企业不得与投标人就投标价格、投标方案等实质性内容进行谈判。

（2）对投标人的信息采取严格的保密措施，防止投标人之间的串通舞弊。

（3）按照招标公告或资格预审文件中的投标人资格条件对投标人进行严格审查，预防假资质中标或借资质串标。

3. 开标、评标和定标

企业应当依法组建评标委员会。评标委员会应当按照招标文件确定的标准和方法对投标文件进行评审和比较，择优选择中标候选人，及时向中标人发出中标通知书。该环节的主要风险包括：评标委员会专业水平差，出现定标失误；评标委员会与投标人之间存在舞弊行为，损害建设单位利益。

主要控制措施：

（1）企业应当依法组织工程招标的开标、评标和定标，并接受有关部门的监督。

（2）评标委员会应由企业的代表和有关技术、经济方面的专家组成，应客观、公正地提出评审意见，并对评审意见承担责任。

（3）评标委员会成员和参与评标的有关工作人员不得透露对投标文件的评审和比较、中标候选人的推荐情况以及与评标有关的其他情况，不得私下接触投标人，不得收受投标人的财物或者其他好处。

4. 签订施工合同

中标人确定后，建设单位应当在规定期限内同中标人订立书面合同。双方不得另行订立背离招标文件实质性内容的其他协议。该环节的主要风险包括：合同内容不完整、不清楚，或者订立了背离招标文件实质性内容的合同。

主要控制措施：

（1）企业应当在规定的期限内与中标人订立书面合同，明确双方的权利、义务和违约责任，如质量、进度、结算方式等。

（2）企业和中标人不得再行订立背离合同实质性内容的其他协议。

（四）工程建设

工程建设指的是工程建设实施，即施工阶段。工程建设阶段包括的重要工作有工程物资采购、工程监理、工程价款结算、工程变更。

1. 工程物资采购

工程物资采购分为自行采购和承包单位采购。该环节的主要风险包括：采购控制不力，质次价高；对承包单位采购物资监督不足，影响工程质量与进度。

主要控制措施：

（1）企业自行采购工程物资的，可以参照采购业务控制的相关内容办理。重大设备和大宗材料的采购应当根据有关招标采购的规定执行。

（2）由承包单位采购工程物资的，企业应当加强监督，确保工程物资采购符合设计标准和合同要求。严禁不合格工程物资投入工程项目建设。

2. 工程监理

建设单位和承包单位（施工单位）应按设计和开工前签订的合同所确定的工期、进度计划等相关要求进行施工建设，并采用科学规范的管理方式保证施工质量、进度和安全。该环节的主要风险包括：监理单位监督不力，流于形式，不利于确保工程的进度、质量和安全。

主要控制措施：

（1）工程监理单位应依照国家法律、法规及相关技术标准、设计文件和工程承包合同，对承包单位在施工质量、工期、进度、安全和资金使用等方面实施监督。

（2）工程监理人员应当具备良好的职业操守，客观公正地执行监理任务。发现工程施工不符合设计要求、施工技术标准和合同约定的，应当要求承包单位改正；发现工程设计不符合建筑工程质量标准或者合同约定的质量要求的，应当报告企业，要求设计单位改正。

（3）未经工程监理人员签字，工程物资不得在工程上使用或者安装，不得进行下一道施工工序，不得拨付工程价款，不得进行竣工验收。

3. 工程价款结算

工程价款结算，是指对建设工程的发包承包合同价款进行约定和依据合同约定进行工程预付款、工程进度款、工程竣工价款结算的活动。该环节的主要风险包括建设资金使用管理混乱、项目资金不落实，影响工程进度；工程进度计算不准确，价款结算不及时等。

主要控制措施：

（1）建立成本费用支出审批制度，对建设资金的使用进行管理。

（2）资金筹集应与工程进度协调一致，以免影响工程进度。

（3）企业财会部门应当加强与承包单位的沟通，准确掌握工程进度，开展工程项目核算，并根据合同约定，按照规定的审批权限和程序办理工程价款结算，不得无故拖欠。

（4）施工过程中，如果工程的实际成本突破了工程项目预算，建设单位应当及时分析原因，按照规定的程序予以处理。

4. 工程变更

工程建设周期通常较长。在建设过程中，由于某些情况发生变化，如建设单位对工程提出新要求、出现设计错误、外部环境条件发生变化等，有时需要对工程进行必要变更。该环节的主要风险包括工程变更频繁、变更程序不规范、变更缺乏审核或审核不严等。

主要控制措施：

（1）企业应当建立严格的工程变更审批制度，严格控制工程变更。确须变更的，应当按照规定的权限和程序进行审批。

（2）重大的项目变更应当按照项目决策和概预算控制的有关程序和要求重新履行审批手续。

（3）因工程变更等原因造成价款支付方式及金额发生变动的，应当提供完整的书面文件和其他相关资料，并对工程变更价款的支付进行严格审核。

（4）因人为原因导致的工程变更，应当追究当事单位和人员的责任。

（五）工程验收

企业收到承包单位的工程竣工报告后，应当及时编制竣工决算，开展竣工决算审计，组织设计、施工、监理等有关单位进行竣工验收。该环节的主要风险包括：竣工验收不规范，竣工决算审核不严，如质量检验不严或者相关资料不齐全等；竣工决算失真，如虚报项目投资完成额、虚列建设成本等。

主要控制措施：

（1）企业应当组织审核竣工决算，重点审查决算依据是否完备、相关文件资料是否齐全、竣工清理是否完成、决算编制是否正确。

（2）未实施竣工决算审计的工程项目，不得办理竣工验收手续。

（3）交付竣工验收的工程项目，应当符合规定的质量标准，有完整的工程技术经济资料，并具备国家规定的其他竣工条件。

（4）应当按照国家有关档案管理的规定，及时收集、整理工程建设各环节的文件资料，建立完整的工程项目档案。

工程项目后评估是指在建设项目已经完成并运行一段时间后，对项目的目的、执行过程、效益、作用和影响进行系统的、客观的分析和总结的一种技术经济活动。项目后评估通常安排在工程项目竣工验收后 6 个月或 1 年后，多为效益后评价和过程后评价。工程项目后评估本身就是一项重要的管控措施，建设单位要予以重视并认真用好。首先，建设单位应当建立健全完工项目的后评估制度，总结经验教训，为未来项目的决策和提高投资决策管理水平提出建议。其次，建设单位应当采取切实有效的措施，保证项目后评估的公开、客观和公正。原则上，凡是承担项目可行性研究报告编制、立项决策、设计、监理、施工等业务的机构，不得从事该项目的后评估工作，以保证后评估的独立性。最后，要严格落实工程项目决策及执行相关环节责任追究制度，项目后评估结果应当作为绩效考核和责任追究的依据。

第五节　担保业务与业务外包控制

一、担保业务控制

"担保"是指企业作为担保人按照公平、自愿、互利的原则与债权人约定，当债务人不履行债务时，依照法律规定和合同协议承担相应法律责任的行为。担保有利于债务人的融资，但是我们也应该看到，因为担保陷入担保圈和诉讼的案件层出不穷，对外担保的风险是很大的。因此，加强企业担保业务管理，防范担保业务风险，对于维护企业利益和维持正常经营有重要的意义。

（一）担保业务控制的总体要求

企业应制定担保业务流程，明确担保业务的评估、审批、执行等环节的内部控制要求，并设置相应记录，如实记载各环节业务开展情况，确保担保业务全过程得到有效控制。其中至少应强化对以下关键方面或者关键环节的风险控制，并采取相应控制措施：

第一，权责分配和职责分工应当明确，机构设置和人员配备应当科学合理。

第二，担保的对象、范围、条件、程序、限额和禁止担保的事项应当明确。

第三，担保评估应科学严密，担保审批权限、程序与责任应当明确。

第四，担保执行环节的控制措施应当充分有效，担保合同的签订应当经过严格的审批，担保业务的执行过程应有跟踪监测，凡担保财产与有关权利凭证的管理应当有效，办理终结担保手续应当及时。

第五，对外担保应明确责任主体，因担保造成重大失误和损失的，应追究相关责任人责任。

（二）担保业务的一般流程

企业办理担保业务，一般包括受理担保申请、调查评估、审批、订立担保合同、担保合同执行与监控等流程。具体而言一是担保申请人提出担保申请；二是担保人对担保项目和被担保人资信状况进行审查，对担保业务进行风险评估；三是担保人根据调查评估结果，结合本企业担保政策和授权审批制度，对担保业务进行审批，重大担保业务应提交董事会或类似权力机构批准；四是担保人依据既定的权限和程序与被担保人签订担保合同；五是担保人加强对担保合同的日常管理，对被担保人的经营情况、财务状况和担保项目执行情况等进行跟踪监控；六是如果被担保人不能如期偿债，担保人应履行代为清偿义务，并向被担保人追债，同时应当按照本企业担保业务责任追究制度，严格追究有关人员的责任。

（三）担保业务的相关内容

1. 担保合同管理

企业有关部门或人员应根据职责权限，按规定的程序订立担保合同，对担保期限及担保收费等做出明确约定。申请担保人同时向多方申请担保的企业应与其在担保合同中明确约定本企业的担保份额，并落实担保责任。企业应在担保合同中明确要求被担保人定期提供财务报告和有关资料，并及时报告担保事项的实施情况。

（1）保证合同至少包括以下内容：保证的主债权种类、数额；债务人履行债务的期限；保证的方式；保证担保的范围；双方认为需要约定的其他事项。

（2）抵押担保合同至少包括以下内容：被担保的主债权种类、数额；债务人履行债务的期限；抵押物的名称、数量、质量、状况、所有权权属或者使用权权属；抵押担保的范围，双方认为需要约定的其他事项。

（3）质押担保合同至少包括以下内容：担保的主债权种类、数额；债务人履行债务的期限；质押物的名称、数量、质量、状况；质押担保的范围，质押物和质押权利移交的时间；双方认为需要约定的其他事项。

（4）合同管理。企业应加强对担保合同的管理，指定专门部门和人员妥善保管担保合同、与担保合同相关的主合同、反担保函或反担保合同，以及抵押、质押权利凭证和有关的原始资料，保证担保项目档案完整、准确和担保财产的安全，并定期进行检查。通常担保合同正本应有公司档案室保存副本，并由财务部门及相关部门保存。

2. 反担保

企业要求申请担保人提供反担保的，还应当对于反担保有关的资产进行评估，且申请和评估应当分离。反担保可采用的形式通常有：动产、不动产抵押和权利质押；保证。反担保中的保证应为连带责任保证。

（1）下列财产或权利可以作为反担保的抵押或抵押物：

①抵押物：抵押人所有的房屋和其他地上定着物；所有的机器、交通运输工具和其他财产；抵押人依法有权处分的国有土地使用权、房屋和其他地上定着物；依法可以抵押的其他财产。

②质押物：依法可以质押的财产；汇票、支票、本票、债券、存款单、提单；依法可以转让的股票、股权；依法可以转让的商标专用权、著作权中的财产权。

（2）公司不接受下列财产作为反担保的抵押物或质押物：土地所有权、使用权不明或有争议的财产；依法被查封、扣押监管的财产；依法不得抵押或质押的财产。

（3）接受抵押或质押方式的担保。企业必须依法办理抵押或质押登记手续，所发生的登记费、手续费用由申请担保人或第三人承担。未办理完反担保有关工作，不签订担保协议；被担保人的一方，其股东或财产作反担保抵押物或质押物时，须按法律程序办理；反担保人用已出租的财产作为反担保抵押物时，应书面告知承租人。

（4）抵押或质押物的价值应经评估机构评估，其价值应达到公司规定的要求。

（5）反担保人以他人共有财产作抵押或质押物，遵守以下原则：

①共同拥有的财产，应征得共有人同意；

②按份共有的财产，以担保人所拥有的份额为限；

③反担保人作为反担保抵押的实物必须投保并妥善保管，不得遗失或损坏，债务清偿完毕前未经公司同意，不得将抵押实物出租、出售、转让、再抵押或以其他方式处理；

④反担保义务履行，根据《担保法》有关保证、抵押、质押权利实现的条款，公司有

权向反担保人追偿。

3. 担保财产管理和记录

（1）企业应建立担保事项台账，详细记录担保对象、金额、期限、用于抵押和质押的物品、权利和其他有关事项，并妥善管理有关担保财产和权利证明，定期对财产的存续状况和价值进行复核，发现问题及时处理。

（2）企业应加强对反担保财产的管理，妥善保管被担保人用于反担保的财产和权利凭证，定期合适财产的存续状况和价值，发现问题及时处理，确保反担保财产安全完整。

（3）企业应在担保合同到期时全面清理用于担保的财产、权利凭证，按照合同约定及时终止担保关系。

（4）对外提供担保预计很可能承担连带赔偿责任的，还应按照国家会计制度的规定进行确认、计量、记录和报告。

（四）担保业务的关键风险点及控制措施

1. 受理申请

受理申请是办理担保业务的第一步，是控制的起点。该环节的主要风险包括：企业担保政策和相关管理制度不健全，不能规范担保申请的受理；受理申请审查不严。

主要控制措施包括：第一，企业应依法制定和完善担保业务政策及相关管理制度，明确担保的对象、范围、方式、条件、程序、担保限额和禁止担保等事项。第二，受理人员应严格按照担保政策和相关管理制度对担保申请进行审查，如对与本企业有密切业务关系的企业、有潜在重要业务关系的企业、子公司等提出的申请可予受理；反之，则必须慎重处理。

2. 调查评估

企业应当指定相关部门负责办理担保业务，对担保申请人进行资信调查和风险评估。该环节的主要风险包括：资信调查和风险评估不深入、不细致，造成担保决策失误，给企业带来担保损失。

主要控制措施包括：

第一，企业在对担保申请人进行资信调查和风险评估时，应当重点关注以下事项：①担保业务是否符合国家法律、法规和本企业担保政策等相关要求；②担保申请人的资信状况，一般包括基本情况、资产质量、经营情况、偿债能力、盈利水平、信用程度、行业前景等；③担保申请人用于担保和第三方担保的资产状况及其权利归属；④企业要求担保申请人提供反担保的，还应当对与反担保有关的资产状况进行评估。

第二，明确不予担保的情况。对于以下几种情形不予担保：①担保项目不符合国家法律、法规和本企业担保政策的；②已进入重组、托管、兼并或破产清算程序的；③财务状况恶化、资不抵债、管理混乱、经营风险较大的；④与其他企业存在较大经济纠纷、面临法律诉讼且可能承担较大赔偿责任的；⑤与本企业已经发生过担保纠纷且仍未妥善解决的，或不能及时足额交纳担保费用的。

第三，委派具备胜任能力的专业人员开展调查和评估，调查评估人员与担保业务审批人员应当分离，调查评估结果应出具书面报告。企业也可委托中介机构对担保业务进行资信调查和风险评估工作。

3. 审批

该环节的主要风险包括：授权审批制度不完善，造成担保审批不规范；审批不严或越权审批，可能导致企业担保决策失误或遭受欺诈；对关联方的担保审批不规范。

主要控制措施包括：第一，企业应当建立担保授权和审批制度，规定担保业务的授权批准方式、权限、程序、责任和相关控制措施，在授权范围内进行审批，不得超越权限审批。对于审批人超越权限审批的担保业务，经办人员应当拒绝办理。第二，重大担保业务，应当报经董事会或类似权力机构批准。第三，企业为关联方提供担保的，与关联方存在经济利益或近亲属关系的有关人员在评估与审批环节应当回避。第四，加强对变更担保的管理。被担保人要求变更担保事项的，企业应当重新履行调查评估与审批程序。

4. 订立担保合同

该环节的主要风险包括：未经授权订立担保合同、未订立担保合同、担保合同存在重大疏漏或欺诈。

主要控制措施包括：第一，企业应当根据审核批准的担保业务订立担保合同。担保合同应明确被担保人的权利、义务、违约责任等相关内容，并要求被担保人定期提供财务报告与有关资料，及时通报担保事项的实施情况。担保申请人同时向多方申请担保的，企业应当在担保合同中明确约定本企业的担保份额和相应责任。第二，实行担保合同会审联签。应鼓励担保业务经办单位会同企业法律部门、财会部门、内审部门进行担保合同会审联签，以降低担保合同存在重大疏漏或欺诈的风险。第三，加强对身份证明和印章的管理，杜绝身份证明和印章被盗用而进行对外担保，从而造成担保损失。第四，规范担保合同记录、传递和保管过程，确保担保合同运转轨迹清晰完整、有案可查。

5. 日常管理

该环节的主要风险包括：缺乏对担保合同的跟踪管理或监控不力，无法对被担保人出现的异常情况及时进行报告和处理，给企业造成损失。

主要控制措施包括：第一，加强担保合同的日常管理。定期监测被担保人的经营情况和财务状况，对被担保人进行跟踪和监督，了解担保项目的执行、资金的使用、贷款的归还、财务运行及风险等情况，确保担保合同有效履行。第二，及时报告和处理被担保人的异常情况。在担保合同的履行过程中，如果被担保人出现经营困难等异常情况，应当及时向有关管理人员报告，并妥善处理。

6. 会计系统控制

该环节的主要风险包括：会计记录和处理不及时、不准确，不利于对担保业务的日常监控，或者披露不符合有关监管要求，遭受行政处罚。

主要控制措施包括：第一，及时、足额收取担保费用，建立担保事项台账，详细记录担保对象、金额、期限、用于抵押和质押的物品或权利以及其他有关事项。第二；企业财会部门应当及时收集、分析被担保人担保期内经审计的财务报告等相关资料，持续关注被担保人的财务状况、经营成果、现金流量以及担保合同的履行情况，积极配合担保经办部门防范担保业务风险。

当出现财务状况恶化、资不抵债、破产清算等情形，企业应当根据国家统一的会计准则和制度规定，合理确认预计负债和损失。属于上市公司的，应根据相关制度对担保事项进行公告。

7. 反担保财产管理

该环节的主要风险包括对反担保的权利凭证保管不善、缺乏对反担保财产的有效监控等。

企业应当加强对反担保财产的管理，妥善保管被担保人用于反担保的权利凭证，定期核实财产的存续状况和价值，发现问题及时处理，确保反担保财产安全、完整。

8. 责任追究

该环节的主要风险包括：缺乏担保业务责任追究制度，或者制度执行流于形式。

企业应当建立担保业务责任追究制度，对在担保中出现重大决策失误、未履行集体审批程序或不按规定管理担保业务的部门及人员，应当严格追究其责任。

9. 及时终止担保关系或代为清偿、权利追索

该环节的主要风险包括：未及时终止担保关系，使担保展期等；违背担保合同约定不

履行代偿义务，被起诉，影响企业形象；代为清偿后对权利追索不力，造成经济损失。

主要控制措施包括：第一，企业应当在担保合同到期时，全面清查用于担保的财产、权利凭证，按照合同约定及时终止担保关系，并妥善保管担保合同、与担保合同相关的主合同、反担保函或反担保合同，以及抵押、质押的权利凭证和有关原始资料，切实做到担保业务档案完整无缺。第二，自觉承担代为清偿义务，维护企业形象和信誉。第三，利用法律武器向被担保人追索赔偿；依法处置反担保财产，减少企业损失。

二、业务外包控制

业务外包，是指企业利用专业化分工优势，将日常经营中的部分业务委托给本企业以外的专业服务机构或其他经济组织（以下简称"承包方"）完成的经营行为，即主要是指企业（以下又称"发包方"）为实现战略经营目标，通过合同或协议等形式将业务职能的部分或全部交由外部服务提供商（以下简称"承包方"）提供的一种管理行为。

企业为了聚焦于核心竞争力和节约成本，可以将其包括与会计、财务和财务报告相关的业务在内的诸多功能外包给服务机构。企业应当对业务外包实施分类管理，通常划分为重大业务外包和一般业务外包。重大业务外包是指对企业生产经营有重大影响的业务外包。业务外包通常包括：研究开发、资信调意、可行性研究、委托加工、物业管理、客户服务、IT 服务等。

（一）业务外包控制的总体要求

1. 完善业务外包管理制度

企业应当建立和完善业务外包管理制度，规定业务外包的范围、方式、条件、程序和实施等内容，明确相关部门和岗位的职责权限，强化业务外包全过程的监控，防范外包风险，充分发挥业务外包的优势。

2. 强化监控

强化业务外包全过程的监控，包括对制定外包实施方案、审核批准、选择承包方、签订业务外包合同、外包过程管理、验收等环节的监控，防范外包风险，充分发挥业务外包的优势。

3. 避免核心业务外包

企业应当权衡利弊，避免核心业务外包。

（二）业务外包流程

业务外包流程主要包括制定业务外包实施方案、审核批准、选择承包方、签订业务外包合同、组织实施业务外包活动、业务外包过程管理、验收、会计控制等环节。

（三）业务外包的关键风险点及控制措施

1. 制订业务外包实施方案

制订业务外包实施方案，是指企业根据年度生产经营计划和业务外包管理制度，结合确定的业务外包范围，制订实施方案。该环节的风险主要是：企业缺乏业务外包管理制度，导致制订实施方案时无据可依；业务外包管理制度未明确业务外包范围，可能导致有关部门在制订实施方案时，将不宜外包的核心业务进行外包；实施方案不合理、不符合企业生产经营特点或内容不完整，可能导致业务外包失败。

主要管控措施：

（1）建立和完善业务外包管理制度，根据各类业务与核心业务的关联度、对外包业务的控制程度以及外部市场成熟度等标准，合理确定业务外包的范围，并根据是否对企业生产经营有重大影响对外包业务实施分类管理，以突出管控重点，同时明确规定业务外包的方式、条件、程序和实施等相关内容。

（2）严格按照业务外包管理制度规定的业务外包范围、方式、条件、程序和实施等内容制定实施方案，避免将核心业务外包，同时确保方案的完整性。

（3）根据企业年度预算以及生产经营计划，对实施方案的重要方面进行深入评估以及复核，包括承包方的选择方案、外包业务的成本效益及风险、外包合同期限、外包方式、员工培训计划等，确保方案的可行性。

（4）认真听取外部专业人员对业务外包的意见，并根据其合理化建议完善实施方案。

2. 审核批准

审核批准，是指企业应当按照规定的权限和程序审核批准业务外包实施方案。该环节的主要风险是：审批制度不健全，导致业务外包的审批不规范、审批不严格或者越权审批，导致业务外包决策出现重大疏漏，可能引发严重后果；未能对业务外包实施方案是否符合成本效益原则进行合理审核以及做出恰当判断，导致业务外包不经济。

主要管控措施：

（1）建立和完善业务外包的审核批准制度。明确授权批准的方式、权限、程序、责任和相关控制措施，规定各层级人员应当在授权范围内进行审批，不得超越权限审批。同时加大对分公司重大业务外包的管控力度，避免因分公司越权进行业务外包给企业带来不利后果。

（2）在对业务外包实施方案进行审查和评价时，应当着重对比分析该业务项目在自营与外包情况下的风险和收益，确定外包的合理性和可行性。

（3）总会计师或企业分管会计工作的负责人应当参与重大业务外包的决策，对业务外包的经济效益做出合理评价。

（4）对于重大业务外包方案，应当提交董事会或类似权力机构审批。

3. 选择承包方

选择承包方，是指企业应当按照批准的业务外包实施方案选择承包方。该环节的主要风险是：承包方不是合法设立的法人主体，缺乏应有的专业资质，从业人员也不具备应有的专业技术资格，缺乏从事相关项目的经验，导致企业遭受损失甚至陷入法律纠纷；外包价格不合理，外包成本过高，导致难以发挥业务外包的优势；存在接受商业贿赂的舞弊行为，导致相关人员涉案。

主要管控措施：

（1）充分调查候选承包方的合法性，即是否为依法成立，合法经营的专业服务机构或经济组织，是否具有相应的经营范围和固定的办公场所。

（2）调查候选承包方的专业资质、技术实力及其从业人员的履历和专业技能。

（3）考察候选承包方从事类似项目的成功案例、业界评价和口碑。

（4）综合考虑企业内外部因素，对业务外包的人工成本、营销成本、业务收入、人为资源等指标进行测算分析，合理确定外包，严格控制业务外包成本。

（5）引入竞争机制，按照有关法律法规，遵循公开、公平、公正的原则，采用招标等适当方式，择优选择承包方。

（6）按照规定的程序和权限从候选承包方中做出选择，并建立严格的回避制度和监督处罚制度，避免相关人员在选择承包方过程中出现受贿和舞弊行为。

4. 签订业务外包合同

确定承包方后，企业应当及时与选定的承包方签订业务外包合同，约定业务外包的内容和范围、双方权利和义务、服务和质量标准、保密事项、费用结算标准和违约责任等事项。该环节的主要风险是：合同条款未能针对业务外包风险做出明确的约定，对承包方的违约责任界定不够清晰，导致企业陷入合同纠纷和诉讼；合同约定的业务外包价格不合理或成本费用过高，导致企业遭受损失。

主要管控措施：

（1）在订立外包合同前，充分考虑业务外包方案中识别出的重要风险因素，并通过合同条款予以有效规避或降低。

（2）在合同的内容和范围方面，明确承包方提供的服务类型、数量、成本以及明确界定服务的环节、作业方式、作业时间、服务费用等细节。

（3）在合同的权利和义务方面，明确企业有权督促承包方改进服务流程和方法，承包方有责任按照合同协议规定的方式和频率，将外包实施的进度和现状告知企业，并对存在问题进行有效沟通。

（4）在合同的服务和质量标准方面，应当规定外包商最低的服务水平要求以及如果未能满足标准实施的补救措施。

（5）在合同的保密事项方面，应具体约定涉及本企业机密的业务和事项，承包方有责任履行保密义务。

（6）在费用结算标准方面，综合考虑内外部因素，合理确定外包价格，严格控制业务外包成本。

（7）在违约责任方面，制定既具原则性又体现一定灵活性的合同条款，以适应环境、技术和企业自身业务的变化。

5. 组织实施业务外包

组织实施业务外包，是指企业严格按照业务外包制度、工作流程和相关要求，组织业务外包过程中人、财、物等方面的资源分配，建立与承包方的合作机制，为下一环节的业务外包过程管理做好准备，确保承包方严格履行业务外包合同。企业在组织实施业务外包时，应当根据业务外包合同条款，落实双方应投入的人力资源、资金、硬件及专有资产等，明确承包方提供服务或产品的工作流程、模式、职能架构、项目实施计划等内容。该环节的主要风险是：组织实施业务外包的工作不充分或未落实到位，影响下一环节业务外包过程管理的有效实施，导致难以实现业务外包的目标。

主要管控措施：

（1）按照业务外包制度、工作流程和相关要求，制定业务外包实施全过程的管理措施，包括落实与承包方之间的资产管理、信息资料管理、安全保密管理等机制，确保承包方在履行外包业务合同时有章可循。

（2）做好与承包方的对接工作，通过培训等方式确保承包方充分了解企业的工作流程和质量要求，从价值链的起点开始控制业务质量。

（3）与承包方建立并保持畅通的沟通协调机制，以便及时发现并有效解决业务外包过程存在的问题。

（4）梳理有关工作流程，提出每个环节上的岗位职责分工、运营模式、管理机制、质量水平等方面的要求，并建立对应的即时监控机制，及时检查、收集和反馈业务外包实施过程的相关信息。

6. 业务外包过程管理

根据业务外包合同的约定，承包方会采取在特定时点向企业一次性交付产品或在一定期间内持续提供服务的方式交付业务外包成果。由于承包方交付成果的方式不同，业务外包过程也有所不同。前者的业务外包过程是指承包方对产品的设计制造过程，后者的业务外包过程是指承包方持续提供服务的整个过程。该环节的主要风险是：承包方在合同期内因市场变化等原因不能保持履约能力，无法继续按照合同约定履行义务，导致业务外包失败和本企业生产经营活动中断；承包方出现未按照业务外包合同约定的质量要求持续提供合格的产品或服务等违约行为，导致企业难以发挥业务外包优势，甚至遭受重大损失；管控不力，导致商业秘密泄露。

主要管控措施：

（1）在承包方提供服务或制造产品的过程中，密切关注重大业务外包承包方的履约能力，采取承包方动态管理方式，对承包方开展日常绩效评价和定期考核。

（2）对承包方的履约能力进行持续评估，包括承包方对该项目的投入是否能够支持其产品或服务质量达到企业预期目标，承包方自身的财务状况、生产能力、技术创新能力等是否满足该项目的要求。

（3）建立即时监控机制，一旦发现偏离合同目标等情况，应及时要求承包方调整改进。

（4）对重大业务外包的各种意外情况做出充分预计，建立相应的应急机制，制定临时替代方案，避免业务外包失败造成企业生产经营活动中断。替代方案，可以避免业务外包失购方存在重大违约行为，并导致业务外包合同无法履行的。

（5）有确凿证据表明承包方存在重大违约行为，并导致业务外包合同无法履行的，应当及时终止合同，并指定有关部门按照法律程序向承包方索赔。

（6）切实加强对应外包过程中形成的商业信息资料的管理。

7. 验收

在业务外包合同执行完成后需要验收的，企业应当组织相关部门或人员对完成的业务外包合同进行验收。该环节的主要风险是：验收方式与业务外包成果交付方式不匹配，验收标准不明确，验收程序不规范，使验收工作流于形式，不能及时发现业务外包质量低劣等情况，可能导致企业遭受损失。

主要管控措施：

（1）根据承包方业务外包成果交付方式的特点，制定不同的验收方式。一般而言，可以对最终产品或服务进行一次性验收，也可以在整个外包过程中分阶段验收。

（2）根据业务外包合同的约定，结合在日常绩效评价基础上对外包业务质量是否达到预期目标的基本评价，确定验收标准。

（3）组织有关职能部门、财会部门、质量控制部门等的相关人员，严格按照验收标准对承包方交付的产品或服务进行审查和全面测试，确保产品或服务符合需求，并出具验收证明。

（4）验收过程中发现异常情况的，应当立即报告，查明原因，视问题的严重性与承包方协商采取恰当的补救措施，并依法索赔。

（5）根据验收结果对业务外包是否达到预期目标做出总体评价，据此对业务外包管理制度和流程进行改进和优化。

8. 会计控制

会计控制是指企业应当根据国家统一的会计准则制度，加强对外包业务的核算与监督，并做好外包费用结算工作。该环节的主要风险是：缺乏有效的业务外包会计系统控制，未能全面真实地记录和反映企业业务外包各环节的资金流和实物流情况，可能导致企业资产流失或贬损；业务外包相关会计处理不当，可能导致财务报告信息失真；结算审核不严格、支付方式不恰当、金额控制不严，可能导致企业资金损失或信用受损。

主要管控措施：

（1）企业财会部门应当根据国家统一的会计准则制度，对业务外包过程中交由承包方使用的资产、涉及资产负债变动的事项以及外包合同诉讼等加强核算与监督。

（2）企业应结合外包业务特点和企业管理机制建立完善外包成本的会计核算方法，进行相关会计处理，并在财务报告中进行必要、充分的披露。

（3）在向承包方结算费用时，应当依据验收证明，严格按照合同约定的结算条件、方式和标准办理支付。

第六节　财务报告控制

财务报告，是指反映企业某一特定日期财务状况和某一会计期间经营成果、现金流量的文件，包括资产负债表、利润表、现金流量表、所有者权益变动表（新的会计准则要求在年报中披露）、附表及会计报表附注和财务情况说明书。

一、财务报告内部控制的总体要求

企业要实现财务报告真实完整、合法合规、有效利用，应当满足以下要求：

（一）规范企业财务报告控制流程，明晰各岗位职责

企业应当制定明确的财务报告编制、报送及分析利用等相关流程，职责分工、权限范围和审批程序应当明确规范，机构设置和人员配备应当科学合理，并确保全过程中财务报告的编制、披露和审核等不相容岗位相互分离。企业总会计师或分管会计工作的负责人负责组织领导财务报告编制和分析利用工作，企业负责人对财务报告的真实性和完整性承担责任，企业财会部门负责财务报告编制和分析报告编写工作。企业内部参与财务报告编制的各部门应当及时向财会部门提供编制财务报告所需的信息，参与财务分析会议的部门应当积极提出意见和建议以促进财务报告的有效利用，企业法律事务部门或外聘律师应当对财务报告对外提供的合法合规性进行审核。

（二）健全财务报告各环节授权批准制度

企业应当健全财务报告编制、对外提供和分析利用各环节的授权批准制度。具体包括：编制方案的审批、会计政策与会计估计的审批、重大交易和事项会计处理的审批、对财务报告内容的审核审批等。为此，企业应做好以下几项工作：第一，根据经济业务性质、组织机构设置和管理层级安排，建立分级管理制度；第二，规范审核审批的手续和流程，确保报送和进行审核审批的级别符合所授的管理权限、申报材料翔实完整、签字盖章齐全、用印用章符合要求，切实履行检查审核义务而非流于形式等；第三，建立相关政策，限制对现有财务报告流程进行越权操作，任何越权操作行为，必须另行授权审批后方

能进行，且授权审批文件应妥善归档。

（三）建立日常信息核对制度

企业应当从会计记录的源头做起，建立起日常信息定期核对制度，以保证财务报告的真实、完整，防范出于主观故意的编造虚假交易，虚构收入、费用的风险以及由于会计人员业务能力不足导致的会计记录与实际业务发生的金额、内容不符的风险。企业在日常会计处理中应及时进行对账，将会计账簿记录与实物资产、会计凭证、往来单位或者个人等进行相互核对，发现差异及时查明原因予以解决，并记录在适当的会计期间，以保证账证相符、账账相符、账实相符，确保会计记录的数字真实、内容完整计算准确、依据充分、期间适当。

（四）充分利用会计信息技术

企业应当充分利用信息技术，提高工作效率和工作质量，减少或避免编制差错和人为调整因素。同时，企业也应当注意防范信息技术所带来的特有风险，做好以下几项工作：第一，定期更新和维护会计信息系统，确保取数、计算公式以及数据勾稽关系准确无误。第二，建立访问安全制度，操作权限、信息使用、信息管理应当有明确规定，确保财务报告数据安全保密，防止对数据非法修改和删除。第三，对正在使用的会计核算软件进行修改、对通用会计软件进行升级和对计算机硬件设备进行更换时，企业应有规范的审批流程，并采取替代性措施确保财务报告数据的连续性。第四，做好数据源的管理，保证原始保证系统各项技术和业务配置维护符合会计准则要求和内部管理规定，月结和年结流程规范、及时等等。第五，指定专人负责信息化会计档案的管理，定期备份，做好防消磁、防火、防潮和防尘等工作；对于存储介质保存在会计档案，应当定期检查，防止由于介质损坏而使会计档案丢失。

二、财务报告编制的业务流程

（一）财务报告编制的目的与应关注的风险

企业编制财务报表的目的，就是为报表使用者提供投资、决策信息。投资者阅读财务报告，可以得知投资的风险与报酬；债权人阅读财务报告，可以了解企业的负债比例、信贷资金使用情况及偿债能力；国家行政管理机关，通过月度财务报告可以了解企业经营状况、财务状况、税金缴纳情况。企业管理人员通过阅读财务报告，可以了解企业各项经营成果和不足，检查企业财务计划、生产经营计划的执行情况，找出问题，总结成绩，预计企业未来发展状况。企业职工通过阅读财务报告，了解企业福利情况、未来发展状况，通过企业的债务结构和盈利能力了解企业的稳定性和发展可能性。从企业财务报告内部控制的建立来看，编制、对外提供和分析利用财务报告，至少应当关注下列风险：

第一，编制财务报告违反会计法律法规和国家统一的会计准则制度，可能导致企业承担法律责任和声誉受损。

第二，提供虚假财务报告，误导财务报告使用者，造成决策失误，干扰市场秩序。

第三，不能有效利用财务报告，难以及时发现企业经营管理中存在的问题，可导致企业财务和经营风险失控。

（二）财务报告业务流程

财务报告流程由财务报告编制流程、财务报告对外提供流程、财务报告分析流程三个阶段组成。企业在实际操作中，应当充分结合自身业务特点和管理要求，构建和优化财务报告内部控制流程。

三、财务报告各环节主要风险和控制措施

（一）制订财务报告编制方案

企业财会部门应在编制财务报告前制订财务报告编制方案，并由财会部门负责人审核。财务报告编制方案应明确财务报告编制方法（包括会计政策和会计估计、合并方法范围与原则等）、财务报告编制程序、职责分工（包括牵头部门与相关配合部门的分工责任等）、编报时间等相关内容。

该环节的主要风险是：第一，会计政策未能有效更新，不符合有关法律规定。第二，重要会计政策、会计估计变更未经批准，导致会计政策使用不当。第三，会计政策未能有效贯彻、执行；各部门职责、分工不清，导致数据传递出现差错、遗漏、格式不一致等。第四，各步骤时间安排不明确，导致整体编制进度延后，违反相关报送要求。

主要控制措施为：

（1）会计政策应符合国家有关法规和最新监管要求的规定。企业应按照国家最新会计

准则规定，结合自身情况，制定企业统一的会计政策。企业应有专人关注与会计相关法律法规、规章制度的变化及监管机构的最新规定等，并及时对企业的内部会计规章制度和财务报告流程等做出相应更改。

（2）会计政策和会计估计调整，无论是强制还是自愿，均须按照规定的权限和程序审批。

（3）企业的内部会计规章制度至少要经财会部门负责人审批后生效，财务报告流程、年报编制方案应当经公司分管财务会计工作的负责人核准后签发。

（4）企业应建立完备的信息沟通渠道，经内部会计规章制度和财务流程、会计科目表和相关文件及时有效地传达至相关人员，使其了解相关职责要求，掌握适当的会计知识、会计政策并加以执行。企业还应通过内部审计等方式，定期进行测试，保证会计政策有效执行，且在普通业务部门、不同期间内保持一致性。

（5）应明确各部门的职责分工，总会计师或分管会计工作的负责人负责组织领导；财会部门负责财务报告编制工作；各部门应当及时向财会部门提供编制财务报告所需的信息，并对所提供信息的真实性和完整性负责。

（6）应根据财务报告的报送要求，安排工时，为各步骤设置关键时间点，并由财会部门负责督促和考核各部门的工作进度，及时进行提醒，对未能及时完成的进行相应处罚。

（二）确定重大事项的会计处理

在编制财务报告前，企业应当确认对当期有重大影响的主要事项，并确定重大事项的会计处理。该环节的主要风险是：重大事项，如债务重组、非货币性交易公允价值的计量、收购兼并、资产减值等的会计处理不合理，会导致会计信息无法如实反映企业实际情况。

主要控制措施为：

（1）企业应对重大事项予以关注，通常包括以前年度审计调整以及相关事项对当期的影响、会计准则制度的变化及对财务报告的影响、新增业务和其他新发生的事项及对财务报告的影响、年度内合并（汇总）报告范围的变化及对财务报告的影响等。企业应建立重大事项的处理流程，报有关管理层审批后，予以执行。

（2）及时沟通需要专业判断的重大会计事项并确定相应会计处理。企业应规定下属各部门、各单位人员及时将重大事项信息报告至财会部门。财会部门应定期研究、分析并与相关部门组织沟通重大事项的会计处理，逐级报请总会计师或分管会计工作的负责人审批后下达各相关单位执行。特别是资产减值损失、公允价值计量等涉及重大判断和估计时，财会部门应定期与资产管理部门进行沟通。

（三）清查资产核实债务

企业在编制财务报告前，应组织财务和相关部门进行资产清查、减值测试和债权债务核实工作。该环节的主要风险是：资产、负债账实不符；虚增或虚减资产、负债；资产计价方法随意变更；提前、推迟甚至不确认资产、负债等。

主要控制措施为：

（1）确定具体可行的资产清查、负债核实计划，安排合理的时间和工作进度匹配足够的人员，确定实物资产盘点的具体方法和过程，同时做好业务准备工作。

（2）做好各项资产、负债的清查、核实工作。包括：与银行核对银行对账单，盘点库存现金，核对票据；核查结算款项，例如，应付款项、应交税费等是否存在，与债务、债权单位的相应债务、债权金额是否一致；核查原材料、在产品、自制半成品、库存商品等各项存货的实存数量与账面数量是否一致，是否有报废损失和积压物资等；核查账面投资是否存在，投资收益是否按照国家统一的会计准则规定进行确认和计量；核查房屋建筑物、机器设备、运输工具等各项固定资产的实存数量与账面数量是否一致，清查土地、房屋的权属证明，确定资产归属；核查在建工程的实际发生额与账面记录是否一致等。

（3）对清查过程中发现的差异，应当分析原因，提出处理意见，取得合法证据和按照规定权限审批，将清查、核实的结果及处理方法向企业的董事会或者相应机构报告，并根据国家统一的会计准则的规定进行相应的会计处理。

（四）结账

财务报告控制企业在编制年度财务报告前，应在日常定期核对信息的基础上完成对账、调、差错更正等业务，然后实施结账操作。该环节的主要风险是：账务处理存在错误，导致账证、账账不符；虚列或隐瞒收入，推迟或提前确认收入；随意改变费用、成本的确认标准或计量方法，虚列、多列、不列或者少列费用、成本；结账的时间、程序不符合相关规定；结账后又随意打开已关闭的会计期间等。

主要控制措施为：

（1）核对各会计账簿记录与会计凭证的内容、金额等是否一致，记账方向是否相符。

（2）检查相关财务处理是否符合国家统一的会计规章制度和企业制定的核算方法。

（3）调整有关账项，合理确定本期应计的收入和应计的费用。例如，计提固定资产折旧、计提坏账准备等；各项待摊费用按规定分摊并分别计入本期有关科目；属于本期的应计收益、应确认计入、本期收入等。

（4）检查是否存在因会计差错、会计政策变更等原因需要调整前期或者本期相关项目的情况。对于调整项目，须取得和保留审批文件，以保证调整有据可依。

（5）不得为了赶编财务报告而提前结账，或把本期发生的经济业务事项延至下期登账，也不得先编制财务报告后结账，应在当期所有交易或事项处理完毕并经财会部门负责人审核签字确认后，实施结账操作。

（6）如果在结账之后需要重新打开已关闭的会计期间，须填写相应的申请表经总会计师或分管会计工作的负责人审批后进行。

（五）编制个别财务报告

企业应当按照国家统一的会计准则规定的财务报告格式和内容，根据登记完整、核对无误的会计账簿记录和其他有关资料编制财务报告，做到内容完整、数字真实、计算准确，不得漏报或者任意进行取舍。该环节的主要风险是：提供虚假财务报告，误导财务报告使用者，造成决策失误，干扰市场秩序；报表数据不完整、不准确；报表种类不完整；附注内容不完整。

主要控制措施为：

（1）企业财务报告列示的资产、负债、所有者权益金额应当真实可靠。第一，各项资产计价方法不得随意变更，如有减值，应当合理计提减值准备，严禁虚增或虚减负债；第二，各项负债应当反映企业的现时义务，不得提前、推迟或不确认负债，严禁虚增或虚减负债；第三，所有者权益应当反映企业资产扣除负债后所有者享有的剩余权益，由实收资本、资本公积、留存收益等构成。企业应当做好所有者权益保值增值工作，严禁虚假出资、抽逃出资、资本不实。

（2）企业财务报告应当如实填列当期收入、费用和利润。第一，各项收入的确认应当遵循规定的标准，不得虚列或者隐瞒收入，推迟或提前确认收入；第二，各项费用、成本的确认应当符合规定，不得随意改变费用、成本的确认标准或计量方法，虚列、多列、不列或者少列费用、成本；第三，利润由收入减去费用后的净额、直接计入当期利润的利得和损失等构成，不得随意调整利润的计算、分配方法或编造虚假利润。

（3）企业财务报告列示的各种现金流量由经营活动、投资活动和筹资活动的现金流量构成，应当按照规定划清各类交易和事项的现金流量的界限。

（4）按照岗位分工和规定的程序编制财务报告。第一，财会部门制定本单位财务报告编制分工表，并由财会部门负责人审核，确保报告编制范围完整；第二，财会部门报告编制岗位按照登记完整、核对无误的会计账簿记录和其他有关资料对相关信息进行汇总编制，确保财务报告项目与相关账户对应关系正确，计算公式无误；第三，进行校验审核工作，包括期初数核对、财务报告内有关项目的对应关系审核、报表前后勾稽关系审核、期末数与试算平衡表和工作底稿核对、财务报告主表与附表之间的平衡及勾稽关系校验等。

（5）按照国家统一的会计准则和制度编制附注。附注是财务报告的重要组成部分，企业对反映企业财务状况、经营成果、现金流量的报表中需要说明的事项，做出真实、完整、清晰的说明。检查担保、诉讼、未决事项、资产重组等重大或有财务报告控制事项是否在附注中得到反映和披露。

（6）财会部门负责人审核报表内容和种类的真实性、完整性，通过后予以上报。

（六）编制合并财务报告

企业集团应当编制合并财务报告，分级收集合并范围内分公司及内部核算单位的财务报告并审核，进而合并全资及控股公司财务报告，如实反映企业集团的财务状况、经营成果和现金流量。该环节的主要风险是：合并范围不完整；合并内部交易和事项不完整；合并抵销分录不正确。

主要控制措施为：

（1）财会部门依据经同级法律事务部门确认的产权（股权）结构图，并考虑所有相关情况以确定合并范围符合国家统一的会计准则的规定，由财会部门负责人审核、确认合并范围是否完整。

（2）财会部门收集、审核下级单位财务报告，并汇总出本级次的财务报告，经汇总单位财会部门负责人审核。

（3）财会部门制定内部交易和事项核对表及填制要求，报财会部门负责人审批后下发合并范围内的各单位。财会部门核对本单位及纳入合并范围内各单位之间内部交易的事项和金额，如有差异应及时查明原因并进行调整。编制内部交易表及内部往来报表交财会部门负责人审核。

（4）合并抵销分录应有相应的标准文件和证据进行支持，由财会部门负责人审核。

（5）对合并抵销分录实行交叉复核制度，具体编制人完成调整分录后即提交相应复核人进行审核，审核通过后才可录入试算平衡表。通过交叉复核，保证合并抵销分录的真实性、完整性。

（七）财务报告对外提供

1. 财务报告对外提供前的审核

财务报告对外提供前须按规定程序进行审核，主要包括财会部门负责人审核财务报告的准确性并签字盖章；总会计师或分管会计工作的负责人审核财务报告的真实性、完整性、合法合规性，并签字盖章；企业负责人审核财务报告整体合法合规性并签字盖章。该环节的主要风险是：在财务报告对外提供前未按规定程序进行审核，对内容的真实性、完整性以及格式的合规性等审核不充分。

主要控制措施为：

（1）企业应严格按照规定的财务报告编制中的审核程序，由各级负责人逐级把关，对财务报告内容的真实性、完整性、格式的合规性等予以审核。

（2）企业应保留审核记录，建立责任追究制度。

（3）财务报告在对外提供前应当装订成册，加盖公章，并由企业负责人、总会计师或分管会计工作的负责人、财会部门负责人签字并盖章。

2. 财务报告对外提供前的审计

相关企业须按规定在财务报告对外提供前，选择具有相关业务资格的会计师事务所进行审计。该环节的主要风险是：财务报告对外提供前未经审计，审计机构不符合相关法律法规的规定，审计机构与企业串通舞弊。

主要控制措施为：

（1）企业应根据相关法律法规的规定，选择符合资质的会计师事务所对财务报告进行审计。

（2）企业不得干扰审计人员的正常工作，并应对审计意见予以落实。

（3）注册会计师及其所在的事务所出具的审计报告，应随财务报告一并提供。

3. 财务报告的对外提供

一般企业的财务报告经完整审核并签字盖章后即可对外提供。上市公司还须经董事会和监事会审批通过后方能对外提供，财务报告应与审计报告一同向投资者、债权人、政府监管部门等报送。该环节的主要风险是：对外提供时未遵循相关法律法规的规定，导致承担相应的法律责任；对外提供的财务报告的编制基础、编制依据、编制原则和方法不一致，影响各方对企业情况的判断和经济决策的做出；未能及时对外报送财务报告，导致财务报告信息的使用价值降低，同时也违反有关法律法规；财务报告在对外提供前泄露或使不应知晓的对象获悉，导致发生内幕交易等，使投资者或企业本身蒙受损失。

主要控制措施为：

（1）企业应根据相关法律法规的要求，在企业相关制度中明确负责财务报告对外提供的对象，在相关制度性文件中予以明确并由企业负责人监督，如国有企业应当依法定期向监事会提供财务报告，至少每年一次向本企业的职工代表大会公布财务报告。上市公司的财务报告须经董事会、监事会审核通过后向全社会提供。

（2）企业应严格按照规定的财务报告编制中的审批程序，由财会部门负责人总会计师或分管会计工作的负责人、企业负责人逐级把关，对财务报告内容的真实性、完整性及格式的合规性等予以审核，确保提供给投资者、债权人、政府监管门、社会公众等的财务报告的编制基础、编制依据、编制原则和方法完全一致。

（3）企业应严格遵守相关法律法规和国家统一的会计准则对报送时间的要求在财务报告的编制，审核、报送流程中的每一步骤设置时间点，对未能按时完成相关人员进行处罚。

（4）企业应设置严格的保密程序，对能够接触财务报告信息的人员进行权限设置，保证财务报告信息在对外提供前控制在适当的范围内，并对财务报告信息的访问情况予以记录，以便了解情况，及时发现可能的泄密行为，在泄密后也易于找到相应的责任人。

（5）企业对外提供的财务报告应当及时整理归档，并按有关规定妥善保存。

（八）财务报告分析阶段的主要风险点

1. 制定财务分析制度

企业财会部门应在对企业基本情况进行分析研究的基础上，提出财务报告分析制度草案，并经财会部门负责人、总会计师或分管会计工作的负责人、企业负责人检查、修改、审批。该环节的主要风险是：制定的财务分析制度不符合企业实际情况，财务分析制度未充分利用企业现有资源，财务分析的流程、要求不明确，财务分析制度未经审批等。

主要控制措施为：

（1）企业在对基本情况进行分析时，应当重点了解企业的发展背景，包括企业的发展史、企业组织机构、产品销售及财务资产变动情况等，熟悉企业业务流程，分析研究企业的资产及财务管理活动。

（2）企业在制定财务报告分析制度时，应重点关注：财务报告分析的时间组织形式，参加的部门和人员；财务报告分析的内容、分析的步骤、分析方法和指标体系；财务报告分析的编写要求等。

（3）财务报告分析制度草案经由财会部门负责人、总会计师或分管会计工作的负责人、企业负责人检查、修改、审批之后，根据制度涉及的要求进行试行，发现问题要及时总结上报。

（4）财会部门根据具体情况进行修正，确定最终的财务报告分析制度文稿，并经财会部门负责人、总会计师或分管会计工作的负责人、企业负责人进行最终的审批。

2. 编写财务分析报告

财会部门应按照财务分析制度定期编写财务报告，并通过定期召开财务分析会议等形式对分析报告的内容予以完善，以充分利用财务报告反映的综合信息，全面分析企业的经营管理状况和存在的问题，不断提高经营管理水平。该环节的主要风险是：财务分析报告的目的不正确或者不明确，财务分析方法不正确，财务分析报告的内容不完整，未对本期生产经营活动中发生的重大事项作专门分析；财务分析局限于财会部门，未充分利用相关部门的资源，影响质量和可用性；财务分析报告未经审核等。

主要控制措施为：

（1）编写时要明确分析的目的，运用正确的财务分析方法，并能充分、灵活地运用各项资料。分析内容包括：第一，企业的资产分布、负债水平和所有者权益结构，通过资产负债率、流动比率、资产周转率等指标分析企业的偿债能力和营运能力；分析企业净资产的增减变化，了解和掌握企业规模和净资产的不断变化过程。第二，分析各项收入、费用的构成及增减变动情况，通过净资产收益率、每股收益等指标，分析企业的盈利能力和发展能力，了解和掌握当期利润增减变化的原因和未来发展趋势。第三，分析经营活动、投资活动、融资活动现金流量的运转情况，重点关注现金流量能否保证生产经营过程的正常运行，防止现金短缺或闲置。

（2）总会计师或分管会计工作的负责人应当在财务分析和利用工作中发挥主导作用，负责组织领导。财会部门负责人审核财务分析报告的准确性、判断是否需要对特殊事项进行补充说明，并对财务分析报告进行补充说明。对生产经营活动中的重要资料、重大事项以及与上年同期数据相比有较大差异的情况要作重点说明。

（3）企业财务分析会议应吸收有关部门负责人参加，对各部门提出的意见，财会部门应充分沟通、分析，进而修改完善财务分析报告。

（4）修订后的分析报告应及时报送企业负责人。企业负责人负责审批分析报告，并据之进行决策，对于存在的问题及时采取措施。

3. 整改落实

财会部门应将经过企业负责人审批的报告及时报送各部门负责人，各部门负责人根据分析结果进行决策和整改落实。该环节的主要风险是：财务分析报告的内容传递不畅，未能及时使有关部门获悉；各部门对财务分析报告不够重视，未对其中的意见进行整改落实。

主要控制措施为：

（1）定期的财务分析报告应构成内部报告的组成部分，并充分利用信息技术和现有内部报告体系在各个层级上进行沟通。

（2）根据分析报告的意见，明确各部门职责。责任部门按要求落实改正，财会部门负责监督；跟踪责任部门的落实情况，并及时向有关负责人反馈落实情况。

第五章 内部控制审计

第一节 内部控制审计概述

一、内部控制审计的目的

根据《中国内部审计准则》（以下简称《准则》）的规定，内部控制审计的目的是合理地保证组织实现以下目标：遵守国家有关法律法规和组织内部规章制度；信息的真实、可靠；资产的安全、完整；经济有效地使用资源；提高经营效率和效果。

内部控制是组织为实现一定目标所采取的一系列政策和程序，对内部控制进行审计是为了保证这些目标的实现。

内部审计的重要工作之一是审查被审计单位的内部控制的适当性、合法性和有效性，通过对内部控制的审查和评价，促进整个管理活动不断优化。《准则》对内部控制审计的目标、内部控制的组成要素、审查重点与评价方法等内部控制审计的一般性内容进行了详细的规范，既有助于指导内部审计人员辅助被审计单位建立健全内部控制，也能为内部审计人员审查评价内部控制的具体程序提供依据。

二、内部控制的描述

要对内部控制进行审计，首先需要了解和描述内部控制。内部审计人员可以采用文字叙述、调查问卷、流程图等方法对内部控制进行描述和评价，并记录于审计工作底稿中。

（一）文字叙述方法

文字叙述方法是通过文字对内部控制活动做出详尽的描述。该方法的优点是：编制灵活，适用面广。其缺陷是：较主观，一般篇幅较长，难以突出重点，须不断跟踪描述内部控制发展动态，造成重复劳动。

（二）调查问卷方法

调查问卷方法是由内部审计人员在考虑被审计单位的具体特点的情况下，利用经验列出防止或发现各类交易可能发生错弊所必需的内部控制，使之反映在一系列表格上，由被审计单位有关人员根据内部控制运行的事实作答。该方法的优点是：简明概括，有利于无经验的内部审计人员审查评价内部控制，也便于复核检查；也可由不同人员同时审查，提高工作效率。其缺陷是：表格形式固定，缺乏弹性，不能充分反映被审计单位内部控制的状况，一旦表格内容设计有误，最终审计结论会出现问题。

（三）流程图方法

流程图方法是利用一系列符号、连线及注解来反映被审计单位内部控制各个作业环节的概略图表。该方法的优点是：能直观形象地反映内部控制的运行过程、关键控制点及薄弱环节，便于揭示控制系统中各组成部分的内在联系；便于修改及供以后年度使用。其缺陷是：绘制流程图费用成本较高，须掌握专门知识；当业务环节较多时，会导致重点不集中。

三、内部控制审计的方法

内部控制审计的方法一般包括：

（一）观察

是指在进行测评时，内部审计人员亲临工作现场，实地观察有关人员的工作情况，以确定既定控制措施是否有效的方法。

（二）询问

是指为了解公司内部控制设计是否合理、执行是否符合要求，而向有关人员询问情况的方法，包括口头询问和书面询问。测评人员应对询问的结果进行分析、判断。

（三）问卷调查

是指通过发放事先设计好的调查问卷，要求相关人员填写、回答以了解内部控制设计、执行情况的方法。

（四）讨论

是指通过部门内部、各部门之间的集体研讨，测评内部控制有效性的方法。

（五）文件检查

是指抽取内部控制生成的记录和文件，检查内部控制是否有效实施的方法。例如，通过检查借款审批单上的有关负责人签字，核实资金支付是否经过恰当的授权审批。

（六）重新执行

是指重新执行某项内部控制程序，验证既定的控制措施是否正确执行的方法。

（七）穿行测试

是指选取某一交易样本，从该交易开始到授权、记录和处置，并经过信息处理系统，最终反映在财务报表上的整个过程进行追踪、测试。通过穿行测试，可以有助于内部审计人员对内部控制进行详细了解，并有助于判断内控设计和执行的缺陷。

四、内部控制审计的方法

内部控制审计的方法一般包括：

（一）观察

是指在进行测评时，内部审计人员亲临工作现场，实地观察有关人员的工作情况，以确定既定控制措施是否有效的方法。

（二）询问

是指为了解公司内部控制设计是否合理、执行是否符合要求，而向有关人员询问情况的方法，包括口头询问和书面询问。测评人员应对询问的结果进行分析、判断。

（三）问卷调查

是指通过发放事先设计好的调查问卷，要求相关人员填写、回答以了解内部控制设计、执行情况的方法。

（四）讨论

是指通过部门内部、各部门之间的集体研讨，测评内部控制有效性的方法。

（五）文件检查

是指抽取内部控制生成的记录和文件，检查内部控制是否有效实施的方法。例如，通过检查借款审批单上的有关负责人签字，核实资金支付是否经过恰当的授权审批。

（六）重新执行

是指重新执行某项内部控制程序，验证既定的控制措施是否正确执行的方法。

（七）穿行测试

是指选取某一交易样本，从该交易开始到授权、记录和处置，并经过信息处理系统，最终反映在财务报表上的整个过程进行追踪、测试。通过穿行测试，可以有助于内部审计人员对内部控制进行详细了解，并有助于判断内控设计和执行的缺陷。

四、审查与评价内部控制

对内部控制要素的审查重点以及评价标准如下：

（一）对控制环境的审查与评价

控制环境是其他内部控制要素的基础，对控制环境的审查重点包括：

（1）经营活动的复杂程度。内部审计人员应当审查被审计单位规模的大小、所在行业的情况、经营活动的多样性和复杂性。被审计单位经营活动越复杂，发生风险的可能性越大。

（2）管理权限的集中程度。如果管理权限都集中在一个或若干个高级管理人员上，那么决策的科学程度就降低了，相应会带来较大的决策风险。

（3）管理行为守则的健全性和有效性。有效的管理需要明确的制度，健全并得以有效运行的管理行为守则可以使得管理的活动制度化，有利于其他几项控制要素达到效果。

（4）管理层对逾越既定控制程序的态度。在内部控制中，高级管理层对内部控制的态度会影响其他人员对内部控制的态度。如果管理层经常逾越既定的控制程序，那么就将给组织中其他人员带来不好的示范作用，从而内部控制的执行效果将受到很大影响。

（5）组织文化的内容及组织成员对此的理解和认同。在现代组织中，组织文化影响着管理者及所有员工的思想。如果组织建立积极、健康、有良好道德价值观的文化，并且被所有成员所理解和认同，那么组织内部控制的执行就有了良好的环境。

（6）法人治理结构的健全性和有效性。有效的管理需要权力的多方制衡，治理结构就是实现权力制衡的手段。在股份公司中，法人治理结构包括股东大会、董事会、监事会及高级管理层。各个层次之间需要相互制约，没有约束的权力是危险的，容易突破既定的控制程序而使内部控制整体失效。

（7）组织各阶层人员的知识和技能。制定出良好的内部控制只是第一步，其最终效果还取决于控制的执行，而执行效果则取决于组织各阶层人员的知识和技能。人员的知识和技能越高，对控制的理解就越深入，执行控制的效果越好。

（8）组织结构和职责划分的合理性。合理的组织结构和职责划分有助于达到内部控制目标。在组织结构设置中，应考虑管理层次和管理幅度的有机结合。

管理层次是从组织最高管理机构到各项具体职能执行岗位的层次，管理幅度是每个上层管理者需要负责的下属职能或部门的数量。这两方面的关系一般是此消彼长的，要根据组织特点合理设置，从而使每个岗位能够承担合适的职责和权限。

（9）重要岗位人员的权责相称程度及其胜任能力。对重要岗位职责进行设定时，须考虑该岗位的责任和权力是否相当，二者不相匹配会影响控制效果。而重要岗位人员的胜任能力决定了权责的应用情况，胜任能力的缺乏会削弱该岗位的作用，甚至可能使控制成为空谈。

（10）员工聘用程序及培训制度。为了帮助员工达到应具有的知识和技能，聘用和培训是不可或缺的。在聘用环节，须根据各级人员的品德、业务技能委派工作。制度化的培训，尤其是对关键管理岗位人员的培训能提高人员的能力，并长期地影响着内部控制的效果。

（11）员工业绩考核与激励机制。考核和激励机制是组织管理的重心之一，需要建立相应的机制促使其努力达到组织的目标。但是，过于刺激的奖惩制度，往往不利于企业长远的发展，容易造成急功近利，诱发舞弊发生。

在审查控制环境时，内部审计人员应注意构成控制环境的方式和手段是多样的，内部控制环境不具有唯一性。健全的内部控制环境并不恪守于形式，而着重于最终能否满足控制目标。

（二）对风险管理机制的审查和评价

现代社会存在着诸多不确定性因素。为了防止潜在的损失和可能的风险，组织需要建立适当的风险管理机制。风险管理机制的审查重点包括：

（1）可能引发风险的内外因素。为了审查风险管理机制是否健全有效，内部审计人员需要独立地对组织可能面临的风险因素进行识别，并与组织各职能部门的工作相比照，从而审查组织是否对可能的风险进行了有效的识别。

（2）风险发生的可能性和预计带来的后果。基于成本效益考虑，组织对所面临的不同风险将采取不同的对策。判断应采取何种对策，就取决于对各种已识别的风险的可能性和预计后果进行的分析。对于发生可能性较大且预计后果比较严重的风险应该特别关注，采取有效措施进行管理。

（3）对抗风险的能力。在组织运营过程中，风险总是存在的。为了应对风险，组织应建立风险管理机制，保持恰当的对抗风险能力，尽可能地将风险损失降到最低限度。内部审计人员需要对组织对抗风险的及时性以及措施的有效性进行审查和评价，保证组织能够持续稳定的运营，并帮助组织增强对抗风险的能力。

（4）风险管理的具体方法及效果。风险管理的具体方法是各职能部门采取的具体控制活动，内部审计人员的职责是对这些具体方法的实施效果进行检查与评价，以确定其是否能够有效将风险控制在组织可以接受的范围之内。

（三）对控制活动的审查和评价

内部审计人员需要按照组织的各个业务环节逐一地对控制活动进行评价和审查。需要重点考虑的内容包括：

（1）控制活动建立的适当性。内部审计人员需要审查各环节的控制活动是否得到适当建立。

（2）控制活动对风险的识别和规避。组织通常运用各种控制活动以识别风险、规避风险。内部审计人员必须考察控制活动对风险识别和规避的能力。

（3）控制活动对组织目标实现的作用。控制活动是促进组织目标实现的各种控制程序和措施，内部审计人员必须审查这些程序和措施的作用。

（4）控制活动执行的有效性。设计健全的控制活动的作用效果还依赖于控制活动的执行情况。内部审计人员在审查控制活动的建立后还必须关注控制活动的执行情况。

（四）对信息与沟通的审查和评价

在以内部控制为对象的内部审计活动中，内部审计人员关注的是与管理相关的所有信息的获取与处理过程。信息与沟通要素的审查重点包括：

（1）获取财务信息、非财务信息的能力。内部审计人员需要审查信息系统的设计、运行情况，以及管理层对信息系统的支持程度，以评价获取财务信息、非财务信息的能力。

（2）信息处理的及时性和适当性。内部审计人员需要审查信息传递的时间、速度以及如何处理，以评价信息处理的及时性和适当性。

（3）信息传递渠道的便捷与畅通。内部审计人员需要审查组织各部门之间信息的沟通途径，以及各级管理层接纳信息的反应等内容，以评价信息传递渠道的便捷与畅通。

（4）管理信息系统的安全与可靠性。内部审计人员需要审查组织内部对信息系统安全和可靠性所采取的各种措施发挥作用的情况。

（五）评价标准的选择

内部审计人员对内部控制做出评价时，应选择恰当的评价标准。对内部控制进行评价的标准是由组织管理层负责制定的，内部审计人员应该确定管理层是否已经建立标准以及这些标准是否适当。如果已有适当的标准，内部审计人员就依据其进行内部控制的评价；如果内部审计人员认为这些标准不适当，就应该向对制定该标准负有领导责任的管理层报告；如果没有制定内部控制的评价标准，内部审计人员应在考虑组织整体利益最大化的基础上自行选择恰当的评价标准。此时通常应借鉴权威性解释，如国家有关内部控制的规定或行业管理的相关规定。

（六）评价的对象选择

内部审计人员在评价内部控制时，按照项目的性质和需要，既可以对全部控制要素进行评价，也可以只对部分控制要素进行评价。内部审计人员对内部控制审查之后，可以针对经营活动、业务循环或者是具体交易评价全部控制要素的适当性、合法性和有效性，也可以针对部分控制要素进行评价。这一评价对象的选择主要依据审计项目的性质和需要。

第二节　内部控制审计的实施

一、审计结果沟通的性质

（一）审计结果沟通的含义及目的

审计结果沟通的目的是为了保证审计结果的客观、公正，并取得被审计单位、组织适当管理层的理解。内部审计机构与被审计单位、组织适当管理层进行结果沟通，可以跟对方交流看法，听取对方的意见，从不同角度去检验审计结论和建议，对可能存在的错误或不当之处进行修正，以保证审计结果的客观、公正。同时，在与被审计单位、组织适当管理层的交流中，争取对方的理解和支持，以确保审计结论和建议的落实和贯彻。可见，审计结果的交流与沟通是内部审计机构与被审计单位、组织及适当管理层交流看法，并取得理解和支持的过程，是内部审计机构与被审计单位建立良好人际关系，推动内部审计工作顺利进行的一个重要环节。审计概况、依据、结论、决定或建议都是审计报告的内容，在正式提交审计报告之前，就这些内容和被审计单位、组织适当管理层进行沟通，能够确保审计结果的客观、公正，促进审计结论和建议的落实和贯彻。

内部审计机构应当建立沟通制度，使内部审计人员与被审计单位、组织适当管理层等相关主体的及时、有效的沟通成为内部审计活动中必不可少的工作。在组织规模较大或者审计工作涉及人员数量较多的情况下，如果条件具备，内部审计机构可以针对具体的审计项目制订沟通计划。根据具体审计项目的审计目的，充分考虑沟通目的、沟通内容、沟通方式和沟通对象，事先进行沟通规划，以便于内部审计人员遵照执行。

被审计单位应当配合内部审计机构，认真、充分地进行沟通，并及时向内部审计机构反馈意见。被审计单位的配合，不仅有助于确保审计结论客观、公正，而且有助于内部审计机构针对审计中发现的问题提出合理、可行的审计建议。

（二）审计结果沟通的意义

内部审计人员的工作贯穿于整个组织，需要与组织内部的各个部门打交道，测试和评价他们的工作，并将审计中发现的问题和改进建议向适当管理层报告。出具内部审计报告的目的就是为了促使组织适当管理层及时纠正在审计中发现的问题，进一步完善内部控制制度。

加强与被审计单位之间的结果沟通，有助于避免审计双方发生不必要的冲突，或在冲突发生之后，缓解冲突造成的损害，实施有效的冲突管理；内部审计人员倘若能够取得被审计单位对审计结果的理解和支持，将有助于审计结论和建议的贯彻落实。而加强与组织适当管理层的结果沟通，有助于提醒管理层对审计发现问题严重性和审计建议可行性的认识，进而督促被审计单位及时采取纠正措施，改善自己的营运和管理。取得管理层尤其是最高管理层对内审计结果的理解和支持，是有效开展内部审计工作的重要保证。因此，内部审计人员对在审计中发现的问题和提出的改进建议首先要与被审计单位及组织适当管理层沟通，对与被审计单位之间存在着潜在的冲突或不同意见，更需要通过及时进行交流与沟通以消除误会或达成一致意见，然后再撰写正式的审计报告，以确保内部审计报告的可信度。

（三）审计结果沟通的方式

审计结果沟通一般采取书面或口头方式，也可采用其他适当方式。

书面沟通的优点在于沟通的信息通过书面形式可以得到清晰、明确的表达，当书面信息内容比较复杂，或者信息量较多时，读者可以有充裕的时间进行研究和思考；书面沟通的资料容易归档保管，而书面沟通的缺点，则是当读者在阅读书面资料时，如果存在疑问，可能得不到及时解答，并可能因此而造成误解，使沟通的效果和效率受到影响。

口头沟通的优点在于内部审计人员可以得到很快的反馈，可以及时听取对方的意见和建议，并可立即做出回答和解释；缺点在于交流时可能有多种噪声，会影响听者的信息接收和处理。另外，口头沟通的信息在发出前不可能像书面资料那样得到充分的编辑和修改，可能会传达出错误的信息，而且口头沟通的信息无法存档。

此外，内部审计人员还可以通过图片等其他适当的方式与审计单位、组织适当管理层等进行沟通。

（四）审计结果沟通的时机

审计结果沟通应当在内部审计人员正式提交审计报告之前进行。这是为了保证审计结果的客观、公正，保证审计工作的质量。在审计报告正式提交之前，内部审计机构与被审计单位、组织适当管理层进行及时、充分的沟通，可以避免因疏忽或者失误而形成错误的审计结论和建议。

二、审计结果沟通的内容

(一) 我国内部审计准则的相关规定

审计结果沟通的基本内容，根据准则规定，内部审计机构与被审计单位、组织适当管理层沟通的主要内容包括以下几个方面：

(1) 审计概况，是指对本次审计活动的立项依据、审计目的和范围、审计重点和审计标准等内容的概括说明。

(2) 审计依据，是指内部审计人员所遵照执行的内部审计准则。

(3) 审计结论，是指内部审计人员根据审计过程查明的事实或问题，对其可能产生的影响所做的评价。

(4) 审计决定，是指内部审计人员针对审计发现的问题所提出的处理、处罚意见。

(5) 审计建议，是指内部审计人员针对审计发现的问题提出的一些解决方案、措施等。

这些沟通内容大致可以概括整个审计项目的总体状况，让相关主体了解整个审计项目的来龙去脉。

(二) 现场审计结束前与被审计单位的沟通

内部审计机构通过与被审计单位的沟通，可以听取被审计单位对审计中发现的问题的解释，并了解他们对审计结论和建议的意见。如果内部审计人员发现由于自己的疏忽和失误导致审计结论和建议存在错误，就应当及时进行更正。与此同时，在交流的过程中，内部审计机构可以向被审计单位解释自己的立场、形成审计结论的依据以及所提审计建议的原因，争取被审计单位的理解和支持。只有这样，才有助于审计结论和建议的最终落实和贯彻。

在审计项目的实施过程中，内部审计人员应注意加强与组织适当管理人员及被审计单位的相关人员的交流。审计项目负责人应在实施必要的审计程序后，编制审计报告，并就审计报告中所提出的审计结论、审计建议等与组织适当管理层进行沟通和征求意见。这是内部审计项目过程必不可少的一个环节。一般情况下，在现场审计结束前，内部审计人员应与组织适当管理层通过召开"撤点会议"，届时讨论在审计中发现的问题和提出的改进建议。"撤点会议"是内部审计人员在正式签发内部审计报告前针对内部审计报告内容与组织适当管理层之间的一次正式沟通，其目的是取得组织适当管理层对审计中发现的问题和提出的改进建议的认可，特别是要得到组织适当管理层对审计中发现的问题和问题产生原因的确认。讨论的重点在于弄清问题的实质，在不影响对问题实质的确认和理解的情况下，内部审计人员可以考虑按更易于被组织适当管理层接受的表达方式来调整内部审计报告。另外，"撤点会议"也是内部审计人员显示自身价值、提供富有建议性专业服务的好时机，有利于内部审计机构和人员更好地协助组织管理层促进组织目标的实现，为组织创造价值。同时，通过这种深层次的沟通和讨论，有利于内部审计机构和人员与被审计组织建立更好的合作关系。

内部审计机构与被审计单位进行结果沟通时，应注意沟通技巧，进行平等、诚恳、恰当、充分的交流。沟通是一种双向的交流，因此进行结果沟通的内部审计人员应当能够清晰、完整地表达自己的想法，能够让对方充分理解自己所要表达的信息，同时，也应当认真听取对方的想法和意见，能够理解对方所传达出来的信息。在沟通前，应当进行充分的准备，确定所要表达的信息内容，并考虑需要从对方获取哪些信息。此外，还应当注意沟通的时间和地点，并根据沟通对象的特点，采取适当的沟通方式，这样才能保证良好的沟通效果。

（三）与组织适当管理层的沟通

内部审计机构与组织适当管理层的沟通，主要是汇报在审计过程中发现的重大问题，向他们征求对审计结论和审计建议的意见，以及解释相应审计结论和建议的合理性和必要性。因为组织适当管理层是可能采取纠正措施的人，他们通常能够对内部审计人员在审计中发现的问题采取措施予以解决或者能够确保措施的执行，向他们征求这方面的意见，可以保证结论或建议的可行性等。因此，取得组织适当管理层的理解和支持是促使内部审计工作有效开展的保证。而与被审计单位相关人员的交流，则可以给被审计单位一个就具体问题进行解释澄清的机会。因为被审计单位最了解业务的具体情况，在具体问题背后，是否存在着某些客观因素导致了问题的产生。只有与被审计单位进行交流，才可能防止内部审计人员做出错误的判断，得出错误的结论和建议。

当然，内部审计人员在内部审计报告中提出的审计结论、审计意见和建议应当在审计过程中就已经开始与相关方面进行讨论和协商，而不是突然在报告中提出。如果被审计单位对审计报告持有异议的，审计项目负责人及相关人员应进行研究、核实。确实属于内部审计人员对某些问题存在错误的判断时，应及时进行调查、复核，必要时应修改审计报告。审计报告经过必要的修改后，审计项目负责人应及时将审计报告送内部审计机构负责人复核。

此外，由于被审计单位对问题的解释说明及意见有助于报告使用者理解审计报告，内部审计人员还应当在报告附件中附上被审计单位的反馈意见。

第三节　内部控制审计报告

一、审计报告基本要素

审计报告应当包括的基本要素有：标题、收件人、正文、附件、签章、报告日期。

二、审计报告基本内容

（一）标题

审计报告的标题应当包括被审计单位名称、审计事项的主要内容和时间。

（二）收件人

审计报告的收件人应当是被审计单位和组织适当管理层。审计报告应当载明收件人的全称。

（三）正文

在通常情况下，审计报告的正文内容应由审计概况、审计依据、审计结论、审计决定、审计建议等部分组成。但是由于审计对象和审计类型的变化，审计报告的内容并非一定完全由以上部分组成，内部审计人员可视具体审计项目的情况决定审计报告的内容。但仍应至少对审计目的、审计范围和结论做出说明。

1. 审计概况

审计概况部分应交代本次审计活动的立项依据、审计目的和范围、审计重点和审计标准等内容。

审计概况应说明确定本次审计项目的原因，是属于内部审计机构年度审计计划安排的审计项目或属于出自管理需要临时补充修订年度审计计划的项目等。

同时，应清楚、详细地陈述本次审计的目的，以帮助报告的使用者了解可以从报告中所获得的内容，且能够帮助他们很容易地找到所需要的信息。

对于审计项目的审计范围，应进行说明，如存在未进行审计的领域，应在报告中指出，特别是某些受到限制无法进行核查的项目，应说明受限制无法审查的原因。如果有某些项目受到限制而未在报告中指出，可能会造成报告的使用者误以为审计人员已经对审计项目涉及的所有内容全部进行了审计。

另外，应结合审计目的和被审计对象的实际情况，就此次审计项目的重点、难点进行说明，并说明针对这些困难采取了何种措施及其效果。

审计标准是审计人员对经营活动和内部控制做出审计判断的依据。在财务审计中的审计标准主要是会计准则和会计制度，这是国家已经做出统一规范的。管理审计中的审计标准往往没有统一的规范，需要组织管理层根据组织情况制定适当的标准。例如，在经济性审计中的审计标准主要是组织管理层已经制订的各种计划、预算、业务标准和技术标准等。

2. 审计依据

应声明内部审计是按照内部审计准则的规定实施。内部审计准则是内部审计人员在实施内部审计活动必须遵循的执业规范，是保证内部审计工作质量的重要保障，因此审计报告中应声明这个重要的审计依据。但是由于每个审计项目的具体情况不同，当确实无法按照准则要求执行必要的程序时，应在审计报告中陈述理由，并就此可能导致的对审计结论、审计决定和整个审计项目质量的影响做出必要的说明。

3. 审计结论

审计结论部分是指内部审计人员根据审计过程查明的事实或问题，对其可能产生的影响做出的评价。审计结论部分是审计报告中的重要组成部分。在做出审计结论时，应针对本次审计的目的、原因，根据已掌握证据和已查明事实，对被审计单位的经营活动和内部控制做出评价，并应就本次审计最终是否达成预期的目标做出说明。

审计人员在提出审计结论时，应列示有证明力的事实作为结论的支持。同时，如果被审计单位内部控制良好，组织管理有序、高效，审计人员也应对被审计单位良好的运作情况进行适当的赞誉，特别要避免在审计报告中仅反映被审计单位的缺点及不足之处，而不反映优点和进步之处。这也有益于内部审计人员与被审计对象之间建立良好的合作关系。

4. 审计决定

内部审计人员在审计报告中可能会针对审计发现的主要问题提出的处理、处罚意见，供组织管理层参考。该审计决定的权威性取决于组织适当管理层对内部审计机构的授权。

5. 审计建议

内部审计人员根据组织的实际情况，针对审计过程中发现的问题提出的一些解决方案、措施等。审计建议的基础是内部审计人员的审计发现和审计结论。审计建议的目的在于帮助组织的管理层对审计发现的问题做出改进或纠正。但是审计建议的采纳与否，取决于管理层对综合情况的理解和判断。

审计人员在提出建议时，应充分考虑被审计单位所处环境及建议执行的成本，以确定实施审计建议所带来的效益是否大于实施成本。

审计建议可以是具体、详细的纠正措施或改进方案，也可以是概括性的综合意见，或者也可能仅仅是建议组织适当管理层进行调研等。

6. 附件、签章和报告日期

审计报告的附件，应当包括对审计过程与审计发现问题的具体说明、被审计单位的反馈意见等内容。

在审计报告的正文中，主要是对审计过程和审计发现的重点问题进行概括性的介绍，在附件中，应对整个审计过程和审计发现的各类问题进行比较详细的说明和介绍，使报告使用者可以在必要的时候，通过附件内容对整个审计项目进行全面的了解。此外，在审计报告的编制过程中，审计人员应当就审计结论、审计意见和建议与被审计单位进行必要和适当的沟通、协调，对于被审计单位的反馈意见，应当作为附件的一部分，让报告使用者同时了解被审计单位的意见和立场。

审计报告的签章和报告日期。内部审计报告应当由内部审计机构签章。内部审计报告的日期应当是内部审计人员完成审计工作的日期。

三、审计报告分级复核制度

为了确保审计质量，提高审计工作效率，减少差错，及时发现和解决问题，避免或降低审计风险。内部审计机构应该建立健全审计报告分级复核制度，在提交最终的审计报告之前，应对审计报告的编制进行分级复核，并明确规定了各级复核的要求和责任。

1. 复核人

复核工作应由内部审计机构的负责人或其指定的具有丰富经验的人员承担。审计报告的最终复核人应由内部审计机构的负责人担任。具体设置多少个级别的复核层次视审计项目的复杂程度和内部审计机构的规模、人员配备等各种因素而定。

2. 复核的基本内容

复核人应对审计工作底稿进行综合、全面的复核，复核的基本内容包括：

（1）检查是否实施所有必要的审计程序，运用的审计方法是否恰当有效，是否遗漏重要的事项。

（2）所收集的审计证据是否达到标准，审计依据是否恰当，审计判断是否准确，是否支持最终的审计结论、审计决定、审计建议。

（3）审计报告中的审计结论、审计决定、审计建议是否明确、恰当，是否存在错误表述。

四、审计报告的相对保证

组织的经营活动和内部控制是内部审计的主要审计对象，由于这些审计对象自身的局限性，例如，即使是设计完善的内部控制，也可能由于内部人员的串通或者工作人员的疏忽等原因而失效，因此，审计风险总是客观存在的。

同时，内部审计人员只能对所审查的对象在合理的水平上进行抽样审计，而不可能对所有项目都进行详细审计。抽样审计方法也决定了审计人员不可能发现审计事项中存在的所有错误。因此，内部审计人员对被审计单位的经营活动和内部控制做出的评价并不能保证绝对正确，只能是其适当性、合法性和有效性的相对保证。

第六章 内部审计人员职业道德

第一节 内部审计人员的职业道德

一、内部审计职业道德的概述

（一）内部审计职业道德的必要性

内部审计职业道德是指内部审计人员的职业素质、职业品德、专业胜任能力以及职业责任的总称。内部审计职业道德规范是对内部审计人员职业行为的标准规范。

内部审计是组织内部的一种独立、客观的监督和评价活动，它的目的是通过对组织的经营活动及内部控制的适当性、合法性和有效性进行审查、评价，促进组织目标的实现。内部审计是专业性较强的职业，这一职业的复杂性使外部人员难以对内部审计过程及内部审计人员的工作做出评价。因此，有必要针对内部审计人员制定职业道德规范，对他们在工作中的操守、品质进行约束，促使他们认真工作。同时，职业道德规范的建立是内部审计职业取得外界理解与支持、增加外界对内部审计职业的信赖的必然要求。

自20世纪80年代内部审计重新登上历史舞台的几十年来，内部审计为我国社会主义市场经济健康、规范地发展做出了很大的贡献。但由于历史和现实的种种原因，内部审计人员尚未普遍树立起强烈的风险意识、责任意识和道德意识，还存在一些有违职业道德的现象。因此，在建立社会主义市场经济体制的进程中，强调内部审计人员的职业道德有更深刻的现实意义和深远的历史意义。

（二）内部审计职业道德的目的

制定内部审计人员职业道德规范的目的，具体概括为以下三个方面：

（1）确立衡量内部审计人员行为的道德标准，约束内部审计人员的职业行为，促使内部审计人员恪守独立、客观、正直、勤勉的原则，以应有的职业谨慎态度提供各种专业服务，有效发挥内部审计的监督、评价与服务作用。

（2）明确内部审计人员的职业要求和职业纪律，促使内部审计机构和内部审计人员遵守内部审计准则及相关的职业准则；不断提高技术技能和道德水准，维护和提高内部审计人员的职业形象；取得外界理解和支持，增加外界对内部审计职业的信赖。

（3）明确内部审计人员的职业责任，维护内部审计人员的正当权益，维护国家利益、组织利益、员工利益，保护投资者和其他利害关系人的合法权益，促进社会主义市场经济的健康发展。

内部审计职业道德规范适用于内部审计人员和内部审计机构执行业务的全过程和对各类组织所进行的内部审计。

二、内部审计职业道德的含义和基本要求

（一）内部审计职业道德的含义

内部审计职业道德是指对内部审计人员的职业品德、职业纪律、专业胜任能力及职业责任等的总称。

1. 职业品德

职业品德是指内部审计人员所应当具备的职业品格和道德行为。它是职业道德体系的核心部分，其基本要求是独立、客观、正直、勤勉。

2. 职业纪律

职业纪律是指约束内部审计人员职业行为的法纪和戒律，尤指内部审计人员应当遵循职业准则及国家其他相关法规。

3. 专业胜任能力

专业胜任能力是指内部审计人员所应当具备的胜任其专业职责的能力。

4. 职业责任

职业责任是指内部审计人员对国家、组织、员工和其他利害关系人所应当履行的责任。

（二）内部审计职业道德的基本要求

内部审计职业道德的基本要求包括两个方面：一是严格遵守中国内部审计准则及中国内部审计协会制定的其他规定；二是不得从事损害国家利益、组织利益和内部审计职业荣誉的活动。

1. 内部审计人员在履行职责时，应当严格遵守中国内部审计准则及中国内部审计协会制定的其他规定

我国内部审计准则的制定是在参考了国际内部审计师协会所颁布的内部审计实务标准的基础上，结合我国的经济情况及内部审计工作的实际情况制定的，具有一定的科学性、现实性和前瞻性。

中国内部审计准则包括内部审计基本准则、内部审计具体准则和内部审计实务指南三个层次。

内部审计基本准则是内部审计准则的基础，是制定具体准则和实务指南的依据；内部审计具体准则是对内部审计人员实施内部审计活动过程中具体问题的规范；内部审计实务指南是针对内部审计过程中具有典型意义或特殊业务制定的规范性指南。

内部审计基本准则和内部审计具体准则针对内部审计工作各个环节中的重大问题提出了原则性的指导，具有操作性，又有一定的灵活性，它是内部审计人员在实施内部审计时必须遵循的执业标准，内部审计人员应认真遵守内部审计准则等规定；内部审计实务指南只是提供一个示范和模板的作用，不要求内部审计人员在执业过程中强制执行。这是内部审计规范的首要要求。

2. 内部审计人员不得从事损害国家利益、组织利益和内部审计职业荣誉的活动

内部审计人员作为组织经营活动和内部控制的评价者与监督者，应保持自身的诚实、正直，忠于国家，忠于组织，维护职业荣誉，不能从事有损国家利益、组织利益和内部审计职业荣誉的活动。

三、职业道德的基本原则

独立、客观、正直、勤勉、廉洁是内部审计人员所应具备的最基本的职业品质，是从事内部审计职业所必须具备的基本条件。

（一）独立原则

独立性是审计的基本特征，是审计的灵魂。独立原则是指内部审计人员执行审计业务应当在形式上和实质上独立于审计对象。

1. 实质上的独立

也称事实上的独立，它要求内部审计人员与审计对象之间必须实实在在的毫无利害关系，与审计对象之间不存在任何可能的潜在利益冲突，不能负责被审计单位的经营活动和内部控制的决策与执行。这样才能够以客观、公正的心态表示意见，在发表意见时其专业判断不受影响，公正执业，保持客观和专业怀疑。实质上的独立包括三个环节的独立性，即计划环节、实施环节和报告环节的独立性。

2. 形式上的独立

也称面貌上的独立，它是针对第三者而言的。内部审计人员必须在第三者面前显现出一种独立于审计对象的身份，即在他人看来，内部审计人员是独立的，这样才能使内部审计结果为使用者所信任。

（二）客观原则

客观原则是指内部审计人员对有关事项的调查、判断和意见表述，不受外来因素的影响，应当基于客观的立场，以客观事实为依据，实事求是，不掺杂个人的主观愿望，也不为委托单位或第三者的意见所左右；在分析、处理问题时，不能以个人的好恶或成见、偏见行事。要求内部审计人员在执业中必须一切从实际出发，注重调查研究。它和独立性密不可分，是审计人员在进行内部审计活动时应坚持的一种精神状态。

（三）正直原则

正直原则是指内部审计人员应当将国家、组织、员工利益置于个人利益之上，正直、诚实，明辨是非，坚持正确的行为、观点，不屈服于压力，按照法律及职业要求，遵守法律，不偏不倚地对待有关利益各方，不应牺牲一方利益为条件而使另一方受益。

（四）勤勉原则

勤勉原则是指内部审计人员应勤勉工作，以减少因疏懒而带来的错误、疏忽和遗漏降低审计风险。

（五）廉洁原则

廉洁原则是指内部审计人员在履行职责时，应当保持廉洁，不得从被审计单位获得任何可能有损职业判断的利益。

从被审计单位收取利益，会使内部审计人员的独立性、客观性受到损害，内部审计人员对被审计单位所作审查和评价的公正性、客观性不可避免地都会受到怀疑，从而与组织的利益相背，甚至带来损害。

这里所指的"可能有损职业判断的利益"，包括内部审计人员自身或其亲属可能从被审计单位获取的各种直接和间接的利益。

四、职业谨慎和职业判断

内部审计职业道德要求"内部审计人员应当保持应有的职业谨慎，并合理使用职业判断"。

（一）职业谨慎

应有的职业谨慎要求内部审计人员应该具备谨慎的态度和技能。内部审计人员在实施内部审计活动时，应具备一丝不苟的责任感，秉持应有的职业谨慎，注意评价自己的能力、知识、经验和判断水平是否胜任所承担的责任，严格遵守职业技术规范和道德准则，对其所负责的各项业务妥善规划与监督。根据所审查项目的复杂程度，运用必要的审计程序，警惕可能出现的错误、遗漏、消极怠工、浪费、效率低下、利益冲突等情况，还应小心避免可能发生的违法乱纪的情形等。对于审查中发现的控制不够充分的环节，应提出合理可行的改进措施。

应有的职业谨慎只是合理的谨慎，而不是意味着永远正确、无差错，内部审计人员只能是在合理的程度上开展检查和核实的工作而不可能进行详细的检查，内部审计工作并不能保证发现所有存在的问题。

（二）职业判断

审计职业判断是审计工作的重要组成部分，它贯穿整个审计工作的全过程，从对被审计单位的选择、内部控制制度测试结果的评估、重要性原则的运用、审计抽样方法的选择及其结果的评价，直至决定审计意见的表达，都离不开审计人员的职业判断。职业判断水平的高低将会直接影响到审计工作的成败。因此，合理使用职业判断、提高职业判断的准确性是降低审计风险和实现审计目标的一个重要途径。职业判断除了依据专业标准外，在较大程度上还依赖于审计人员的自身经验，通过审计人员的职业判断可以将审计风险降低到一个合理的可接受水平。职业判断的准确性程度越高，审计风险水平就越低；反之亦然。

五、专业胜任能力

内部审计人员要提供高质量的专业服务，除了必须具有良好的职业品德外，还必须具备较强的业务能力。对内部审计人员的专业胜任能力的要求主要包括以下几项内容：

（一）总体要求

内部审计人员应当保持和提高专业胜任能力，遵守内部审计准则等职业规范，合理运用会计准则及国家其他相关技术规范。

（二）专业胜任能力的要求

内部审计人员必须拥有实施内部审计活动所必需的知识、技能和其他能力。

内部审计人员所掌握的专业知识应能达到这样一种水平：既能够发现组织在经营过程中存在的或潜在的问题，提出解决问题的建议，并将审计结果清楚地表达出来，经济、有效地完成审计业务。

（三）几项具体要求

1. 不得从事不能胜任的业务

如果内部审计人员不具备完成某项专业服务的专业知识、技能或经验，但却从事了这样的业务，其后果往往导致审计质量无法满足有关各方的需要或维护国家、组织、员工的利益。因此，首先，内部审计机构不能进行业务能力不能胜任或不能按时完成的业务；其次，内部审计机构不得委派内部审计人员承办其专业能力不能胜任的业务；最后，内部审计人员不得承办其专业能力不能胜任的工作。

2. 内部审计人员不得宣称增加具有不具备的专业知识、技能或经验

如果内部审计人员依法取得了从业资格证书，就表明在该领域具备了一定的知识。一个合格的内部审计人员不仅要充分认识自己的能力，对自己充满信心，更重要的是必须清

醒地认识到自己在专业胜任能力方面的不足，不高估、不虚报。如果内部审计人员缺乏足够的知识、技能和经验，但却宣称自己具有提供专业服务的知识、技能或经验，就构成了一种欺诈。

3. 对助理人员和其他专业人员的责任

审计项目负责人要对助理人员和其他专业人员的工作结果负责，要求对助理人员和其他专业人员的业务能力进行评价；业务执行之前对其进行必要培训；在业务执行过程中，对其进行切实的指导、监督、检查。

（四）利用专家工作

内部审计人员并非所有领域的专家，可能并不具备完成特定局部业务的专业知识、技能或经验，所具备的专业知识并不能保证对审查的所有事项都能做出合理的判断。在聘请有关专家时，内部审计机构应当对有关专家的独立性和专业胜任能力进行评价；内部审计人员要对专家的工作结果负责。同时，内部审计人员在利用专家工作时，不仅自己遵守职业道德，也应当提请并督导专家遵守职业道德，确保执业质量。

六、诚实服务

内部审计职业的道德要求内部审计人员应诚实地为组织服务，不做任何违反诚信原则的事情。

内部审计是组织经营管理过程中的一个重要环节，是为了促进组织目标的实现而服务的。内部审计人员隶属于组织，是组织的成员，其工作目标应该是促进组织目标的实现。因此，内部审计人员应当尽职尽责、诚实地为组织服务，不能违反诚信原则而从事有损于组织的活动。

七、保密

由于内部审计工作的性质决定了内部审计人员经常会接触到组织的一些机密的内部信息，内部审计人员对于执行业务过程中知悉的商业秘密、所掌握的被审计单位的资料和情况，应当严格保守秘密。这一责任不因审计业务结束而终止。

在内部审计机构及外勤工作处所以外的任何地点和场所均不应谈论可能涉及被审计单位机密的情况；除非得到被审计单位的书面允许或法律、法规要求公布者外，不得提供或泄露给第三者，也不能将其用于私人目的；要防止因为这些信息与资料的泄露给组织带来损失；还应当采取措施，确保协助其工作的业务助理人员和专家信守保密原则。当然，保密责任不能成为内部审计人员拒绝按专业标准要求揭示有关信息、拒绝出庭作证的借口。

在通常情况下，内部审计人员应当对执业过程中获悉的被审计单位的信息保密，但是如果被审计单位存在违法、违规行为，就面临着法规强制内部审计人员披露信息的要求。

内部审计人员在以下情况下可以披露被审计单位的有关信息：

第一，取得被审计单位的授权；

第二，根据法规要求，为法律诉讼准备文件或提供证据，以及向有关机构报告发现的违反法规行为；

第三，向组织适当管理层报告有关信息。

内部审计机构应制定严格的审计档案管理制度，限制无关人员对审计档案资料的接触。

八、信息披露

内部审计人员有责任将审计过程中所了解的重要事项如实进行反映，在审计报告中应客观地披露所了解的全部重要事项；否则，可能使所提交的审计报告产生曲解或使潜在的风险不为组织的管理层所重视。

在内部审计活动中，内部审计人员可能会碰到这样一种情况，即发现一些可能会对组织产生重大影响的现象，但是又没有足够充分的证据表明一定会产生影响。在这种情况下，内部审计人员不能隐瞒这些事项，应当在审计报告中进行客观的披露，但不能随便得出结论。

在决定披露客户的有关信息时，内部审计人员应当考虑以下因素：

第一，是否了解和证实了所有相关信息；

第二，信息披露的方式和对象；

第三，可能承担的责任和后果。

九、交流与沟通

内部审计职业道德要求内部审计人员应具有较强的人际交往技能，妥善处理好与组织内外相关机构和人士的关系。

内部审计工作的性质决定了内部审计人员经常需要与组织内外的不同机构和人士进行接触、交流与沟通。内部审计人员的工作需要去揭露被审计单位的错误或不足之处，因此，内部审计人员与被审计对象之间存在潜在的冲突倾向。处理好与被审计对象之间的人际关系，增加交流与合作，可以减少被审计对象的抵触情绪，减少工作阻力，对于顺利开展内部审计工作具有良好的促进作用。另外，内部审计是为组织服务的，与组织管理层以及被审计单位以外的其他部门和人员保持良好的人际关系，也是提高服务质量、促进组织目标实现的必然要求。

内部审计人员在人际关系的处理中应注意保持内部审计的独立性和客观性。

十、后续教育

内部审计工作与组织经营管理的各个方面紧密相连。内部审计人员的知识结构和专业水平不能只限于一个狭窄的范围之内，而应广泛涉猎，吸取多方面的知识，而且身处新经济时代，各类知识的更新与发展很快，只有不断地学习，接受后续教育，才能保持良好的专业水平，胜任内部审计工作。

内部审计人员接受后续教育是指内部审计人员为保持和提升其专业素质、执业能力和职业道德水平进行的学习及其相关活动。内部审计人员接受职业后续教育是提高专业胜任能力与执业水平的重要手段，也是内部审计人员行业造就一支业务过硬、素质合格队伍的有效途径。内部审计人员只有不断接受职业后续教育，掌握和运用相关的新知识、新技能和新法规，才能满足执业的需要，保证执业质量。这不仅是内部审计人员自身职业发展的需要，也是社会各方面对内部审计人员的必然要求。因此，内部审计人员职业后续教育应当贯穿内部审计人员整个职业生涯。

第二节　内部审计人员的执业能力

一、内部审计人员执业能力的基本要求

审计作为一项社会经济活动，有着悠久的历史。随着社会经济和审计事业的发展，人们对审计的认识在不断深化，审计的地位也在不断提高。随着社会经济的发展，当前审计工作所涉及的事项越来越复杂，综合性也越来越强，对审计人员的素质提出了新要求。培养造就精通审计业务、掌握审计发展规律、熟练运用现代审计技术方法的高层次和高技能审计人才，是实现审计工作适应时代发展、与时俱进、保持长久生命力的根本途径。

内部审计人员要提供高质量的专业服务，必须具备较强的执业能力。对内部审计人员的执业能力的基本要求包括：政治素质、职业道德、职业作风、业务素质、综合素质。

（一）政治素质

内部审计人员的政治素质主要包括以下几个方面：

（1）要有高度的责任感和使命感，认真履行法律赋予自己的神圣职责，始终保持坚定的政治立场，不断增强政治意识、政治敏锐性和政治责任感，依法履行审计监督职责，努力做一名人民利益的忠诚捍卫者，为经济建设保驾护航。

（2）要有正确的世界观、人生观、价值观，这是每个内部审计人员必须具有的最基本的政治素养。坚持自尊、自重、自律原则，牢固树立正确的世界观、人生观、价值观、荣辱观，实现自我完善。在审计工作岗位上，诚实守信，勇于开拓、积极进取，严格执法，依法审计，规范审计行为，提高审计质量，认真履行其职责，高质量地完成本职工作。

（3）要有坚定的职业理念。内部审计人员要有热爱本职、献身审计的职业理想。强调敬业爱岗，提倡干一行、爱一行、钻一行，正确地调整个人和职业、审计工作服务对象之间的关系，自觉地按照职业要求规范自己的行为，忠实地履行自己的职责。内部审计人员作为组织经营活动和内部控制的评价者与监督者，应保持自身的诚实、正直，忠于国家，忠于组织，维护职业荣誉，不能从事有损国家利益、组织利益和内部审计职业荣誉的活动。

（二）职业道德

优良的职业道德是任何一个内部审计人员执业能力的基础。审计人员是审计活动的主体，行使审计监督的权力。这种职责在本质上决定了审计职业具有独立性、权威性、规范性等特点。审计人员只有保持良好的职业道德，才能不为他人的意志所左右，才能充分发挥审计监督的作用。审计人员只有以优良的职业道德在审计过程中保持独立性，才能做到客观公正、实事求是。良好的职业道德是审计人员依法审计的重要保证，是审计权威性的重要保证。

1. 依法审计、坚持原则

审计人员在实施审计任务时，要正确依照国家的法律、法规和审计程序办事。对问题的处理，要坚持以事实为依据，以法律为准绳，做到不徇私情，不拿原则做交易，不被干扰所影响，不被人际关系所左右，正确行使审计职权，严格审计执法，努力维护法律、法规的严肃性和审计监督的权威性。

2. 实事求是、客观公正

审计人员在办理审计事项时，要以严肃认真的态度和严谨扎实的作风从严实施审计，力求掌握最真实、可靠的审计依据，并对获取的信息资料认真加以归纳分析，对问题不掩盖、不夸大，如实反映情况，慎重做出审计评价，确保审计质量，尽力规避审计风险，力争使每一个审计结论都能经得起法规和历史的检验。

3. 廉洁奉公、保守秘密

审计人员只有做到廉洁奉公，才能树立良好的形象；只有做到保守秘密，才能赢得被审计单位的信任。因此，审计人员一定要自觉遵守各项规定，严守工作纪律，依法行使职责和权力。

（三）职业作风

审计职业作风是指内部审计人员的敬业精神及对待审计工作的态度。

1. 工作作风

审计工作的特殊性决定了内部审计人员必须具有扎实的工作作风。

（1）严肃认真

在日常工作中，要严格落实各项规章制度，坚持按审计程序办事；在实施具体审计任务时，要潜下心来，真抓实干，切实把问题查深、查细、查透，做到不留死角、不走过场。

（2）准确无误

对审计数据要准确统计；对审计查出的问题要如实反映；对问题的处理要提出切实可行的解决问题的办法和建议，做到合理、合法，便于执行。

（3）严谨细致

审计工作是一项既细致又烦琐的工作，稍有疏忽，就会出现差错。因此，审计人员一定要注意磨炼自己的细心和耐性，做到不马虎、不厌烦，努力把工作中可能出现的差错降到最低点。

（4）实事求是

要敢于说真话，不欺上瞒下，不弄虚作假，做到"诚实、本分、公正、可靠"。

2. 进取精神

审计工作面临许多困难和矛盾，客观上要求内部审计人员必须具有创新意识和顽强拼搏的精神，顺应形势，跟上时代发展的步伐，要求审计人员不断更新知识结构，加强学习与研究，提高消化新东西、理解新思想、挑战新技术的能力和水平。因此，内部审计人员一定要知难而进，树立有所作为的思想，消除畏难情绪，勇于向困难挑战，在实践中探索出一套内部审计工作的新思路、新方法，以适应未来审计的需要，实现审计工作的跨越式发展。

3. 团队意识

审计工作是一项集体性工作，需要依据审计人员的集体智慧、分工协作去完成，这就要求审计人员必须牢固树立团队意识。因此，在审计工作中，审计人员要明确自己所承担的角色和任务，充分发挥自己的主观能动性。审计工作专业性强，每个人都有自己的专业特长，所以，相互之间要注意协调配合、取长补短、齐心协力，共同为团队整体利益与目标的实现而努力。

（四）业务素质

审计人员业务素质的高低是影响审计工作质量好坏的一个重要因素。具有良好的业务素质是审计人员得以从事审计工作最基本的要求。内部审计人员必须拥有实施内部审计活动所必需的知识、技能和其他能力。内部审计人员应当具备的业务素质通常包括以下内容：

1. 专门知识

专门知识主要是指会计、审计、税收、管理、相关法规和其他有关专门知识。审计人员应当具备与其从事的审计工作相适应的专业知识。这是对审计人员最基本的技术要求。现代社会信息量大、知识更新快、新生事物不断涌现，这就对审计人员的业务技能提出了更新、更高的要求。

法规制度是审计人员判读审计项目是非曲直的准绳，依法审计是审计人员必须遵守的基本原则，这就要求审计人员不仅要熟悉会计制度和会计准则，而且要掌握相关的法律条文和行业规章等，只有这样，才能客观公正、实事求是地对审计事项做出正确的判断和评价，才能经得起制度和历史的检验。

2. 职业经验

职业经验主要是指实践经验。审计是一项实践性很强的工作，如何以敏捷的思维和眼力发现问题，找出问题的根据，并以较高的政策法律水平准确无误地定性和处理，需要不断地通过审计工作的实践积累职业经验。

3. 专业训练

审计人员执业环境是不断发展变化的，对审计人员的专业胜任能力和执业水平的要求也是在不断变化的。因此，审计人员只有不断接受职业训练，不断提高专业能力和执业水平，掌握和运用相关的新知识、新技能和新法规，才能满足执业的需要，保证执业质量。

4. 业务能力

审计人员要完成审计工作，实现审计目标，必须具备相应的业务能力。审计人员应当具备的业务能力主要包括宏观思维能力、职业敏感和洞察力、分析和综合判断能力、口头与书面表达能力等。

（1）宏观思维能力

审计工作要发挥宏观监督职能，审计人员就必须具备宏观思维能力。审计作为组织内部独立的经济监督活动，应当从组织的宏观角度来审查、分析、解决问题，要抓住主要矛盾和问题的要害，不能就事论事，切忌只从某一个部分或某一个问题来考虑，应当为组织适当管理层提供相应的服务。

（2）职业敏感和洞察能力

面对特定的审计材料，为什么有的审计人员能迅速找到切入点或从蛛丝马迹中发现问题，其中一个很重要的原因就在于个人对问题观察的敏锐程度，这种敏锐需要长时间的知识和实践积累。敏锐的洞察力可以帮助审计人员找到解决问题的着眼点。

（3）分析和综合判断能力

分析和综合判断能力不仅仅是简单的分析判断，需要从微观层面进行甄别，更需要从问题的宏观层面进行剖析，分析问题的产生和发展脉络，对被审计单位的现状进行深入的研究，才能够把握审计所涉及的方方面面。

（4）口头与书面表达能力

审计是与人打交道的工作，要做到良好的交流与沟通，充分地运用审计询问等工作方法，发现被审计单位存在的问题并提出相应的意见和建议，就必须要有良好的口头表达能力。审计计划、审计工作底稿是安排和记录审计工作的书面文件，是审计人员必须掌握的基本文书。审计调查报告、审计报告和审计信息是审计成果的载体，集中反映了审计工作的整体水平和审计人员的业务水平。

5. 综合素质

审计是一项综合性很强的工作，因此需要审计人员具备相应的综合素质。这些素质主要包括沟通能力、协调能力、应变能力等。

（1）沟通能力

审计人员要与不同的审计对象打交道，因此，内部审计人员应该具备建立良好人际关系的意识和能力，要与他人建立协调、融洽的人际关系。审计人员的工作贯穿于整个组织，需要与组织内部的各个部门打交道，测试和评价他们的工作，并将审计中发现的问题和改进建议向适当管理层报告。沟通的目的是为了保证审计结果的客观、公正，并取得被审计单位、组织适当管理层的理解。内部审计机构、被审计单位、组织适当管理层进行结果沟通，可以与对方交流看法，听取对方的意见，从不同角度去检验审计结论和建议，对可能存在的错误或不当之处进行修正，以保证审计结果的客观、公正。同时，在与被审计单位、组织适当管理层的交流中，争取对方的理解和支持，以确保审计结论和建议的落实和贯彻。

（2）协调能力

审计工作需要协调处理好审计与被审计对象、与各有关部门及组织适当管理层的关系。这些关系协调处理的好坏，将直接影响到审计组织的形象与威信，影响审计工作的开展与效果。审计人员要充分发挥主观能动性，把各方面的力量吸引到关心、支持审计工作上来，努力形成领导重视、各方面协同的良好的审计氛围。

（3）应变能力

在审计工作中经常会遇到一些突发事件，审计人员在遇到突发事件时应当保持沉着冷静的心态，并应及时采取有效的控制措施。

二、内部审计人员岗位资格和国际注册内部审计师证书

（一）内部审计人员岗位资格证书

内部审计人员岗位资格证书是从事内部审计工作的人员应具备的任职资格证明。内部审计人员岗位资格证书应通过考试取得。内部审计人员岗位资格证书的考试，一般由省级内部审计协会组织，考试合格者发给内部审计人员岗位资格证书。省级内部审计协会负责组织内部审计人员岗位资格证书考前培训、考试的实施以及资格证书的发放与管理。

内部审计人员岗位资格证书考试内容一般包括：

（1）内部审计理论与实务；

（2）内部审计法规与内部审计准则；

（3）计算机审计基础与应用。

内部审计人员岗位资格证书实行年检制度，每两年为一个年检周期。内部审计人员岗位资格证书年检工作由省级内部审计协会组织，实施分级管理。符合下列条件的可通过年检：

（1）遵守国家的法规、法律；

（2）严格执行《中国内部审计准则》；

（3）遵守内部审计职业道德；

（4）按照有关规定完成后续教育。

连续两年未接受后续教育或连续两年未按有关规定完成后续教育学时的内部审计人员，省级内部审计协会不予办理内部审计人员岗位资格证书年检。连续三年未接受后续教育或连续三年未按有关规定完成后续教育学时的内部审计人员，由省级内部审计协会吊销其内部审计人员岗位资格证书。对无故不参加年检和注册的人员，由市级内部审计协会提出意见，报省级内部审计协会注销其内部审计人员岗位资格证书。因违法犯罪被追究刑事责任或弄虚作假骗取内部审计人员岗位资格证书的人员，一律注销其资格证书。内部审计人员岗位资格证书不得涂改、转让，资格证书遗失后应及时到省级内部审计协会挂失，经查实后可予以补发。

（二）国际注册内部审计师

1. 国际注册内部审计师考试

国际注册内部审计师（CIA）考试是由总部设在美国佛罗里达州的国际注册内部审计师协会出题，并在全世界 50 多个国家用 20 多种语言进行统一考试。CIA 考试使用国际注册内部审计师协会的答卷答题，并由国际注册内部审计师协会全球统一阅卷、改卷评分。证书是由国际注册内部审计师协会颁发，但中国国家审计署出具中文的对应证书。CIA 证书在全球通用，其他国家予以承认，CIA 证书也证明了证书持有者在内部审计的领域达到国际注册内部审计师协会的要求。此证书永久有效，但必须要参加国际注册内部审计师协会的后续教育。CIA 资格和证书是目前唯一全世界认可的审计领域的资格和荣誉，此项考试的权威性源于"三个全球统一"：统一考试时间、统一考试内容、统一批阅试卷。

国际注册内部审计师协会的核心宗旨是：经验共享，共同进步。协会从 1974 年在美国开始设立该项考试，每年考两次，即在每年 5 月和 11 月的第三个周末进行考试，全世界统一命题，统一时间考试，但由于时差的存在，在美国和在中国的考试时间实际上相差8~12 个小时。从 2001 年起，CIA 资格考试在中国的时间改为每年 11 月，每年一次。拥有国际注册内部审计师资格在美国被称为"全球卓越"的标志。到目前为止，全球约有 4 万人获得了 CIA 资格证书。

2. CIA 与传统的内部审计人员的差异

正确评估自身实力是企业参与竞争的先决条件，同时也为领导者做出正确决策提供数据支持，而这项工作主要是由企业的内部审计师来完成的。与传统的内部审计人员仅仅停留在内部财会及查账相比，CIA 更强调与企业管理层之间的互动性。随着中国经济的发展，企业现有的内部审计人员已不能够适应国际化的要求，因此，拿一张国际普遍认可的证书成为国内众多内部审计人员的当务之急。国际企业把 CIA 定位为：核心、增加价值、改善运作、实现组织目标。

（三）内部审计人员的后续教育

内部审计人员的职业后续教育是内部审计人员为保持和提升其专业素质、执业能力和职业道德水平以及掌握和运用有关新知识、新技能和新法规所进行的学习及其相关活动。内部审计人员接受职业后续教育是提高专业胜任能力与执业水平的重要手段，也是造就一支业务过硬、素质合格的内部审计队伍的有效途径。众所周知，内部审计人员执业环境是不断发展变化的，对内部审计人员的专业胜任能力和职业水平的要求也是在不断变化的。内部审计人员只有不断接受职业后续教育以及掌握和运用相关新知识、新技能与新法规，才能满足执业的需要，保证执业质量。这不仅是内部审计人员职业自身发展的需要，也是社会各方面对内部审计人员的必然要求。因此，内部审计人员职业后续教育应当贯穿于内部审计人员整个执业生涯。

1. 内部审计人员后续教育的组织领导和范围

（1）中国内部审计协会、省级内部审计协会在后续教育中负有相应的职责与权限，应合理组织并有效实施内部审计人员的后续教育。

市、县级内部审计协会，经中国内部审计协会或省级内部审计协会授权，也可组织实施管辖范围内的后续教育。内部审计机构应当为内部审计人员接受后续教育提供必要的保障。中国内部审计协会、省级内部审计协会应当定期检查与考核后续教育情况，确保后续教育质量。

（2）接受后续教育的内部审计人员，包括取得内部审计人员岗位资格证书的人员、取得国际注册内部审计师资格证书的人员。其他从事内部审计活动的人员也应当参加后续教育，以增加其专业知识和业务能力。

2. 内部审计人员后续教育的内容与形式

内部审计人员应当根据职业发展需要确定合理的后续教育内容，选择适当的后续教育形式。后续教育应当讲求实效、学以致用。

（1）后续教育的主要内容

内部审计人员后续教育主要包括以下内容：

①国家颁布的有关法律规范；

②内部审计准则及内部审计人员职业道德规范；

③内部审计理论与实务；

④会计理论与方法；

⑤信息技术理论与应用技术；

⑥公司治理、内部控制和风险管理理论；

⑦其他相关专业知识与技能。

（2）后续教育的形式

①内部审计人员接受培训是后续教育的主要方式。一般应当采取以下方式：

第一，参加国际内部审计师协会和亚洲内部审计联合会组织的专业会议及培训活动；

第二，参加中国内部审计协会和省级内部审计协会举办的各种培训及考察活动；

第三，参加中国内部审计协会和省级内部审计协会召开的专业会议及经验交流；

第四，参加中国内部审计协会和省级内部审计协会认可的有关大专院校的专业课程进修；

第五，参加经中国内部审计协会或省级内部审计协会授权的市、县级内部审计协会组织的专业培训及经验交流。

②内部审计人员自学是后续教育的重要补充方式。一般应当包括以下形式：

第一，参加中国内部审计协会和省级内部审计协会开办的网络教育；

第二，参加由本单位内部审计机构开展的业务技术培训；

第三，主持或参与完成省级以上内部审计协会发布的课题研究，并取得研究成果；

第四，公开出版专业著作或发表专业论文；

第五，个人专业学习和实务研究；

第六，其他形式。

3. 内部审计组织的职责

（1）中国内部审计协会负责组织、实施全国内部审计人员的后续教育。行业审计协会实施的有关培训活动实行年度认证制，认证工作由中国内部审计协会实施。其主要职责是：

①制订全国后续教育规划；

②制定全国后续教育制度、规定、办法；

③制订全国后续教育年度培训计划，提出教学大纲；

④组织全国后续教育教材的开发、评估、推荐；

⑤组织全国后续教育活动；

⑥组织全国后续教育检查、考核；

⑦指导、督促省级内部审计协会的后续教育工作。

（2）省级内部审计协会负责组织、实施管辖范围内内部审计人员后续教育。其主要职责是：

①制订管辖范围内后续教育规划；

②制定管辖范围内后续教育制度、规定、办法；

③制订管辖范围内后续教育年度培训计划，设置教学内容；

④组织管辖范围内后续教育教材的评估、遴选；

⑤组织管辖范围内后续教育活动；

⑥组织管辖范围内后续教育检查、考核；

⑦指导和督促市、县级内部审计协会的后续教育工作。

（3）市、县级内部审计协会同时符合下列条件的，经中国内部审计协会或省级内部审计协会授权，也可组织实施管辖范围内的后续教育：

①具有承担与后续教育工作相适应的师资队伍和管理力量；

②拥有与承担后续教育工作的教学场所和设施；

③能够完成所承担的后续教育任务，保证后续教育质量。

被授权的市、县级内部审计协会在组织后续教育前，应当将实施方案报送相应的授权协会备案。

（4）内部审计机构应当支持、督促本单位内部审计人员参加后续教育，保证学习时间和学习费用，提供必要的学习条件。

内部审计机构开展的本单位业务技术培训，如须申请确认内部审计人员后续教育学时的，应当提请中国内部审计协会或省级内部审计协会进行评估。评估内容包括培训条件、培训计划、培训内容、师资来源、教学水平、管理水平、学员满意度和质量监控措施等。

4. 内部审计人员后续教育的检查与考核

（1）中国内部审计协会负责检查、考核全国内部审计人员的后续教育情况；省级内部审计协会负责检查、考核管辖范围内的内部审计人员后续教育情况；内部审计机构负责检查并如实填报本单位的内部审计人员后续教育情况。

（2）检查与考核的标准按内部审计人员接受后续教育的时间不得少于 30 个小时。

（3）后续教育时间的顺延。有下列情形之一的，内部审计人员后续教育时间可以顺延，在下一年度一并完成规定的后续教育时间：

①年度内在境外工作超过 6 个月的；

②年度内病假超过 6 个月的；

③休产假的；

④其他情况。

后续教育情况由中国内部审计协会或省级内部审计协会负责记录，包括培训内容、培训时间、培训地点，以及教师的姓名、职称和累计培训学时等。

（4）处罚。除规定的情形外，内部审计人员未能提供其后续教育有效记录或无故未达到后续教育要求的，考核时不予通过；考核未予通过的内部审计人员，其所在单位内部审计机构应当督促其接受后续教育。

①年度内未接受后续教育或未按有关规定完成后续教育学时的内部审计人员，由省级内部审计协会予以警告。

②连续两年未接受后续教育或连续两年未按有关规定完成后续教育学时的内部审计人员，省级内部审计协会不予办理内部审计人员岗位资格证书、国际注册内部审计师资格证书年检。

③连续三年未接受后续教育或连续三年未按有关规定完成后续教育学时的内部审计人员，由省级内部审计协会做出或建议做出吊销其内部审计人员岗位资格证书、国际注册内部审计师资格证书。

第三节　内部审计协会

一、中国内部审计协会

（一）协会简介

中国内部审计协会，是企事业单位内部审计机构和内部审计人员自愿结成的全国性的社会团体，是为所有内部审计机构和内部审计工作者服务的社团组织。协会接受审计署、民政部的业务指导和监督管理。

中国内部审计协会前身为中国内部审计学会，成立于 1984 年。秉承服务、管理、宣传、交流的宗旨，为中国内部审计的规范化建设、理论探索和实践经验的创新与交流、内审人员岗位培训及后续教育、指导内审机构的业务建设、开展国际间的互动学习、提高内审工作的科学技术水平提供全方位的服务。

（二）协会宗旨

中国内部审计协会的宗旨是遵守宪法、法律、法规和国家政策，遵守社会道德和风尚；协会的基本职能是管理、宣传、交流、服务，即对内部审计实行自律性行业管理，为内部审计机构和内部审计人员提供业务指导和开展各种专业服务活动，通过宣传、交流扩大内部审计的影响，维护内部审计机构的独立性、权威性和内部审计人员的合法权益，促进内部审计队伍素质的提高。

（三）业务范围

（1）制定内部审计准则、职业道德标准，并监督检查实施情况；向有关部门提出涉及内部审计立法需要的意见和建议。

（2）调查研究内部审计发展中的新问题，提出指导内部审计工作的意见和建议。

（3）组织内部审计业务培训，开展后续教育，推动内部审计人员持证上岗制度和内部审计技术职称考试制度的建立和完善。

（4）开展内部审计理论实务研究；总结交流内部审计工作经验。

（5）维护会员合法权益。

（6）提供内部审计咨询等中介服务；协调行业内、外部关系。

（7）开展国际交往活动；在中国组织实施国际注册内部审计师的统一考试；办理国际内部审计师协会会员的审核、申报工作。

（8）办理国家法律、行政法规规定和审计机关委托或授权的其他有关工作。

（四）组织架构

中国内部审计协会组织架构。协会的最高权力机构是会员代表大会。

会员代表大会的职权是：

（1）制定、修改章程；

（2）选举和罢免理事；

（3）审议理事会的工作报告和财务报告；

（4）决定终止事宜；

（5）决定其他重大事宜。

会员代表大会每届任期5年，因特殊情况须提请或延期换届的，经常务理事会提出并事前报业务主管部门和社团登记管理机关同意，并由理事会表决通过，但延期换届最长不超过1年。

理事会是会员代表大会的执行机构，在代表大会闭会期间领导本会开展工作，对会员代表大会负责。

理事会的职权是：

（1）执行会员代表大会的决议；

（2）选举和罢免会长、副会长、秘书长、常务理事；

（3）决定个别理事因工作变动或病故等原因须做更换和增补的事宜；

（4）筹备召开会员代表大会；

（5）向会员代表大会报告工作和财务状况；

（6）决定会员的吸收或除名；

（7）决定设立办事机构、分支机构、代表机构和实体机构；

（8）决定副秘书长、各机构主要负责人的聘任；

（9）制定内部管理制度，领导本会各机构开展工作；

（10）决定其他重大事项。

理事会须有 2/3 以上理事出席方能召开，其决议须经到会理事 2/3 以上表决通过方能生效。

理事会一般每年至少召开一次会议，情况特殊的，也可采取通信形式召开。

协会设立常务理事会，常务理事人数不超过理事人数的 1/3，常务理事会由理事会选举产生，在理事会闭会期间行使协会章程规定的职权，对理事会负责。常务理事会下设办事机构，负责日常工作。

常务理事会须有 2/3 以上的常务理事出席方能召开，其决议须有到会常务理事 2/3 以上表决通过方能生效。

常务理事会至少每半年召开一次会议，情况特殊的，也可采取通信形式召开。

协会会长、副会长、秘书长每届任期 5 年。会长、副会长、秘书长任期最长不得超过两届，因特殊情况须延长任期的，须经会员代表大会 2/3 以上会员代表表决通过，并报审计署、民政部批准同意后，方可任职。

（五）会员

协会的会员分为单位会员、个人会员和特邀个人会员。

1. 会员入会条件

（1）团体会员。凡承认本会章程的企业、事业单位和社会团体可申请加入本会。

（2）个人会员。内部审计工作者，承认本会章程并具有初级以上技术职称（包括审计、会计、经济、工程、计算机等技术职称）者，都可申请加入本会。

（3）特邀个人会员。与内部审计有关的社会知名人士，经理事推荐，理事会讨论通过为本会特邀个人会员。

2. 会员享有的权利

（1）本会的选举权、被选举权和表决权；

（2）获得本会提供服务的优先权；

（3）对本会工作有批评建议权和监督权；

（4）向本会申请合法保护权；

（5）参加本会举办的教育培训活动；

（6）参加本会举办的有关专题研究和经验交流活动；

（7）入会自愿、退会自由。

3. 会员履行的义务

（1）执行本会决议，接受本会的指导、监督和管理；

（2）维护本会交办的工作；

（3）完成本会交办的工作；

（4）完成规定的后续教育和专业学习任务；

（5）按规定缴纳会费；

（6）向本会反映情况，提供有关资料。

会员无故 1 年不缴纳会费的，视为自动退会。会员严重违反章程的行为，经理事会或常务理事会决议通过，予以除名。

二、国际内部审计师协会

（一）机构设置

国际内部审计协会（IIA）的组织机构主要有理事会、执行委员会、国际委员会和总部。

1. 理事会

理事会是协会的最高领导机构。由执行委员会委员、大区组织和地区组织的主任和一般主任组成。他们来自各行各业的内部审计师，作为志愿者为协会无偿服务，任期 1 年。理事会的主要职责是审批协会工作计划、预算，受理各委员会提出的建议，指导协会的工作。

2. 执行委员会

由理事会主席、第一副主席、3 位副主席、国际秘书、国际司库、3 名近期前任理事会主席组成。负责监督协会的日常工作。

3. 国际委员会

国际委员会是下列各机构的总称，在组织体系上属于执行委员会领导。各国际委员会的成员全部是由志愿者担任。

（1）专业实务部，负责发表《内部审计实务标准》。

（2）高级技术委员会，负责发表《内部审计实务标准公告》。

（3）专业标准委员会，负责发表《内部审计实务标准说明》。

（4）专业问题委员会，就一些专业性问题向协会提出建议。

4．总部

总部负责处理协会的日常事务工作，由协会常任主席领导，设在美国佛罗里达州。总部下设与执行委员的各国际委员会对口的机构以为其服务。总部还设有财务部，以处理协会日常财务收支。

国际内部审计师协会在联合国经济和社会开发署享有顾问地位，是最高审计机关国际组织的常任观察员，是国际政府财政管理委员会、国际会计师委员会的团体会员。协会现有196个分会，分布在全球100多个国家和地区。中国内部审计学会于1987年加入该协会，成为其国家分会。

（二）国际内部审计师协会的主要职责

（1）国际内部审计师协会的主要职责是为会员履行各项专业职责和促进内部审计事业的发展提供服务。

（2）在国际范围内开展全面的专业开发活动，制订内部审计实务标准和颁发内部审计师证书。

（3）为协会会员和全世界公众提供研究、传播和发展内部审计，包括内部控制以及有关课题的知识与信息。

（4）加强各国内部审计师之间的联系，交流内部审计信息和各国内部审计经验，促进内部审计教育事业的发展。

（5）进入20世纪90年代后，IIA把在全球范围完善内部审计形象、突出介入风险管理和高层管理的必要性、指导内部审计适应形势发挥作用为其战略方向，而发展并推广全球性的国际注册内部审计师认证考试、全面提高内部审计人员的专业胜任能力，则是其主要措施之一。

协会每年举行一次年会。年会围绕各国内部审计师普遍关注的问题和面临的挑战确定主题与分题。由与会代表各自提交自己的论文，参加分组讨论，互相交流经验，探讨新的理论。大会期间还展示内部审计最新的成果和书刊。

内部审计职业道德是指内部审计人员的职业素质、职业品德、专业胜任能力以及职业责任的总称。内部审计职业道德规范是对内部审计人员职业行为的标准规范。独立、客观、正直、勤勉、廉洁是内部审计人员所应具备的最基本的职业品质，是从事内部审计职业所必须具备的基本条件。内部审计人员要提供高质量的专业服务，必须具备较强的执业能力。对内部审计人员的执业能力的基本要求包括：政治素质、职业道德、职业作风、业务素质、综合素质。内部审计人员岗位资格证书实行年检制度，每两年为一个年检周期。中国内部审计协会（CIIA）是企事业单位内部审计机构和内部审计人员自愿结成的全国性的社会团体，是为所有内部审计机构和内部审计工作者服务的社团组织，协会接受审计署、民政部的业务指导和监督管理。

第七章　内部审计管理

第一节　内部审计部门管理

内部审计机构管理的定义：内部审计机构对内部审计人员和内部审计活动实施的计划、组织、领导、控制和协调工作。

一、明确内部审计机构管理的目标

内部审计机构的管理主要包括下列目的：

（一）实现内部审计目标

内部审计目标可以分为基本目标、中期目标、长期目标三个层次。

1. 基本目标：监控

通过内部审计部门的工作，组织管理层可以了解组织管理中出现的问题，并及时采取补救行动。

2. 中期目标：预防

内部审计工作可以帮助组织完善其运作系统，通过在运作系统内设立适当的内部控制，从而在事前预防问题的发生，而不是等问题发生、组织利益受损后才去解决问题。

3. 长期目标：不断改善，增加组织价值

内部审计工作是组织全面质量管理工作的一部分，是组织价值链中不可或缺的一环。在组织内进行适当的宣传和教育，使每个组织成员担负起组织全面质量管理的责任，形成不断完善的思想，从而增加组织价值，提高组织竞争力。

（二）促使内部审计资源得到充分和有效的利用

内部审计资源是有限的。对内部审计部门进行严格的管理，可以使内部审计资源效用最大化，从而提高审计工作效率。

（三）提高内部审计质量，更好地履行内部审计职责

内部审计最基本的职能就是监督与评价。对内部审计部门进行严格的管理，内部审计部门才能更好地履行其职责，捍卫和提升其在组织中的地位。

（四）促使内部审计活动符合内部审计准则的要求

所有内部审计活动都应当遵循内部审计准则及本组织内部审计章程的要求。对内部审计部门进行严格的管理，有助于提高内部审计工作质量，降低审计风险。

内部审计机构应当接受组织董事会或最高管理层的领导和监督，内部审计机构负责人应当对内部审计机构管理的适当性和有效性负主要责任。

二、确定内部审计部门的宗旨、权力和职责

内部审计部门的宗旨、权力和职责必须在内部审计章程中正式确定，并与内部审计使命和《国际内部审计专业实务标准》（以下简称《标准》）强制性要素（内部审计专业实务的核心原则）、职业道德规范和《标准》中"内部审计定义"的要求保持一致。首席审计执行官必须定期审查内部审计章程，并提交高级管理层和董事会审批。

内部审计章程是确定内部审计活动宗旨、权力和职责的正式文件。它确立了内部审计部门在组织中的地位，授权内部审计部门接触与业务开展相关的记录、人员和实物资产，界定内部审计活动范围。内部审计章程的最终审批权在董事会。内部审计章程应当包括下列主要内容：

第一，内部审计目标；

第二，内部审计机构的职责和权限；

第三，内部审计范围；

第四，内部审计标准；

第五，其他需要明确的事项。

三、编制年度审计计划

内部审计机构应当根据组织的风险状况、管理需要及审计资源的配置情况，编制年度审计计划。

年度审计计划是对年度的审计任务所做的事先规划，即内部审计部门为履行职责而对年度内的审计项目所做出的统一安排，是指导、检查、考核年度审计工作的主要依据，是组织年度工作计划的重要组成部分。制订好年度审计计划，认真地实施计划，并对计划的执行情况进行检查和考核，可以保证年度审计工作协调进行，有利于年度审计任务的完成和审计目标的实现，有利于合理利用审计资源，提高审计效率。

四、人力资源管理

内部审计部门整体必须具备或获得履行其职责所必需的知识、技能和其他能力。

（一）制订人才需求计划

内部审计部门要有科学、合理的人员组织架构才能有效地执行内部审计工作。一个较为成熟的内部审计部门的人员组织架构一般如下安排：

1. 审计人员

（1）内部审计人员的要求。内部审计部门的核心人力资源便是审计人员。一个合格的内部审计人员应该达到以下要求：

①内部审计人员应具备专业胜任能力。内部审计人员应具备履行其各自职责所需要的知识、技能和其他能力。包括：在开展业务时熟练运用内部审计标准、程序和技术所必需的专业能力；在工作中广泛涉及财务报告和记录内部审计人员必须拥有的、与会计原则和技术有关的专业能力；确认和评价偏离良好实务行为的重要性所必需的对管理原则的理解；开展业务所必需的会计学、经济学、商法、税收、金融、计量方法和信息技术等领域的基本内容的了解。

内部审计人员整体上应该具备在组织内履行职能所必需的知识和技能，因此，内部审计部门负责人应当每年对内部审计部门的知识和技术构成进行分析，帮助整合内部审计人力资源，以保证内部审计工作质量，帮助组织增加价值。

②内部审计人员应具备良好的交流沟通和书面表达能力。在内部审计工作中，内部审计人员与组织管理层和其他相关人员有着紧密的联系，与组织内外各种相关人员进行沟

通、协调，是内部审计工作正常开展和顺利完成的重要基础。因此，作为一个合格的内部审计人员，应当具备合理的沟通能力、流畅的口头及书面表达能力，能够处理好人际关系，与业务客户保持良好关系，以便清楚有效地表达业务目标、评价工作、结论和建议等事项，并获得业务客户的支持。

③内部审计人员应具备良好的思想品质和职业道德。内部审计人员在思想上应当保持超然独立，解除对被审计单位的任何偏见，提出公正的、不偏不倚的判断意见。内部审计人员在履行职责时，应当做到独立、客观、正直和勤勉，不得从被审计单位获得任何可能有损职业判断的利益。内部审计人员应诚实地为组织服务，不做任何违反诚信原则的事情，遵循保密性原则，按规定使用其在履行职责时所获取的资料。

（2）人员编制。内部审计工作要能顺利执行，必须依据职权给予适当的人员编制。人员编制一般有四级，其组成情况如下：

①内部审计部门负责人。负责整个内部审计部门的目标设定、政策制定、制度建立、机构管理，以及年度审计计划和审计报告的最终审核等工作。

②审计项目小组负责人。负责指定审计项目的全部审核工作，规划及掌握审计项目的有关工作，并对内部审计人员进行指导、监督。

③审计工作人员。负责规划指定范围内的具体审计工作，并指导、监督审计助理人员的工作。在一些规模不大的组织内，内部审计部门最低阶人员便是此级人员，则由其个人单独执行审计工作，并受审计项目小组负责人的监督。

④审计助理人员。作为刚刚从事内部审计工作的新人，须有人指导、监督其实地审计工作，才能掌握工作重点，提高工作效率。

2. 行政人员

为了内部审计部门能够有序运作，需要一定的行政人员。根据成本效益的原则，在规模较小的组织，行政工作可以由内部审计人员兼办。在规模较大的组织，内部审计部门审计人员较多，行政工作较繁重，这时需要有专职的行政人员从事各项行政工作，发挥支持内部审计工作的功能。

（二）内部审计人力资源的培养

内部审计人力资源的培养是内部审计部门的一项重要工作。在许多大型组织里，内部审计人员参加正式的内部培训课程，包括课堂培训、导师制、现场培训等。此外，有些组织通过对在职内部审计人员进行交叉培训，使其能够熟悉整个组织的情况。有些组织采取更为灵活、宽松的培训方式，让内部审计人员自己制订个人培训计划。

让内部审计人员通过职业资格考试是另一种十分有效的培训形式。很多内部审计部门鼓励自己的内部审计人员取得专业资格，这其中，认可度较高的是 IIA 的注册内部审计师（CIA）。

因为不同的内部审计人员有着不同的背景和经验，例如，刚刚毕业的大学生与有经验的人员就有着不同的培训要求，内部审计部门要制订不同的培训计划来满足所有内部审计人员的需求。

（三）内部审计人员业绩评价

在监督招聘和招聘方法选择的效果、做出增加报酬和提拔决策、评价培训计划及确定培训需求时，衡量和评估内部审计人员的个人业绩就显得十分重要。此外，在对内部审计人员的个人业绩进行评估时，内部审计部门负责人能够同时搜集到有助于评价整个内部审计部门业绩的重要信息。我国和国际内部审计准则都要求内部审计机构建立有效的质量控制制度、内部激励约束制度，对内部审计人员的工作进行监督、考核，评价其工作业绩。业绩考评可以通过定期的内部评价、持续的质量保证监督和定期的外部评价等多种方式进行。例如，可以客户满意度、审计工作质量、后续教育水平、资格证书等为基础，对内部审计人员做出评价。业绩评估结果应当记入档案，以建立和保持内部审计人员的成长记录。

业绩评价是影响内部审计人员行为的有力工具。因此，在制定业绩评价标准时，内部审计部门负责人应当考虑这些标准是否会损害内部审计人员的独立性和客观性，是否能够激励内部审计人员，使其目标与组织目标保持一致，为组织增加价值。

五、沟通管理

（一）组织内沟通的管理

首席审计执行官必须将内部审计活动的计划和资源需求，包括重大的临时性变化，报高级管理层和董事会审批。首席审计执行官还必须就资源受限制的影响与高级管理层和董事会进行沟通。

有效的组织内沟通的好处在于：

第一，内部审计部门与董事会之间公开和详细的沟通有助于改善组织治理。需要思考的是：与董事会、管理层建立何种沟通模式会使得内部审计工作更加有效？确认业务与咨询业务的沟通方式有何不同？沟通方式是否会因为内部审计外包而有所不同？

第二，有效的沟通也是建立"客户"关系的基础，无论内部审计部门是服务于董事会、管理层还是其他主体，都必须清楚地界定其活动并传达给这些主体。内部审计人员必须利用沟通技巧，说服客户接受其建议。内部审计人员可以通过及时的反馈，召开事前、事中、事后的项目会议对客户需求进行讨论，让客户完成项目的某些方面，就审计过程中出现的问题积极进行沟通等方法来改善与客户的关系。内部审计人员如果能使用有效的协商策略，创造双赢，不但使客户愿意执行审计建议，同时也增进了双方未来的合作关系。

第三，内部审计人员在小组内部和小组之间可以进行持续的互动交流。内部审计负责人应当积极促成内部审计人员之间工作经验、审计成果的沟通，以便更大程度地实现审计部门内部的信息交换和共享，扩大以前审计成果的应用面，为更好地开展内部审计活动服务。

（二）组织外沟通的管理

由于大中型企业需要根据国家有关规定和工作需要委托社会中介机构进行年度财务报表审计、资产评估等，因此，内部审计人员应积极地配合外部审计的工作，保持与外部审计必要的联系和沟通，做好与外部审计的协调工作。加强内外部审计协调，是节约内部审计资源的重要措施。

《国际内部审计实务框架》（IPPE）建议，在协调内外部审计工作时，首席审计执行官还应当对其他确认和咨询服务提供方工作的范围、目标和结果有清晰的了解。内部审计负责人应确保内部审计工作不与外部审计工作重复，内部审计可以利用外部审计成果来保障内部审计适当的覆盖面。内部审计应当加强与外部审计之间的协调，在制订审计计划时，充分考虑外部审计因素，尽量避免工作重复，最大限度地节约内部审计资源。

内部审计机构应在外部审计对本组织开展审计时做好协调工作。尽管外部审计的目标、范围、重点与内部审计有所不同，但是通过必要的沟通，在必要的范围内互相交流相关审计工作底稿，互相评价工作质量，以达到充分利用审计工作成果，降低审计成本，减少重复审计，提高审计效率的目的。为此，在制订年度内部审计计划时，必须考虑外部审计的工作，以确保充分的审计范围，最大限度减少重复性工作。

客观上讲，内部审计与外部审计的协调是可能的。内部审计和外部审计的审计程序相近，内部审计可以充分利用外部审计工作，外部审计也可以在工作中得到内部审计的配合和支持。内部审计和外部审计都要开展财务审计，都要对财务资料的真实性进行审计和评价，这说明在工作内容上具有相关性。内部审计和外部审计在审计中运用的衡量标准都是国家统一制定的会计准则和会计制度，这说明在审计标准上具有相关性。内部审计和外部审计在审计时都要对被审计单位的内部控制进行评价，审计方法上也有很多相似之处。诸多方面的相关性使二者的协调成为可能。

1. 协调内容

（1）审计覆盖面。应对内部和外部审计人员计划的审计工作进行讨论，以确保审计覆盖面的协调和最大限度地减少工作。在审计工作中，应召开相当数量的会议以保证审计工作的协调，及时有效地完成审计工作，并确定从工作开始后到当前为止的审计发现和建议是否需要调整计划的工作范围。

（2）互相接触审计方案和工作底稿。为了保证在内部审计工作中依靠外部审计工作的正确性，接触外部审计师的工作方案和审计工作底稿是很重要的。这种接触给内部审计人员带来的责任是要遵守这些工作方案和审计工作底稿的保密规定。同样，应允许外部审计师接触内部审计人员的工作方案和审计工作底稿，以便使外部审计师确定在审计中依赖内部审计的工作是否恰当。

（3）交流和参阅审计报告。外部审计师应可以得到内部审计的最终报告、管理层对报告的回应及对内部审计活动的后续审计。这些报告将帮助外部审计师决定和调整工作范围。此外，内部审计人员需要得到外部审计师的管理建议书。管理建议书中探讨的事项，将帮助内部审计人员在计划中确定将来内部审计工作的重点。

（4）在具体审计程序和方法上进行沟通。内部审计部门负责人应了解外部审计人员计划的工作范围，对外部审计师制订计划所运用的重要性水平及外部审计师计划程序的性质和程度有所了解。内部审计部门负责人应确保内部审计人员充分理解外部审计师运用的技巧、方法和术语，从而能够协调内部和外部审计工作；评估外部审计工作以决定是否依赖外部审计；保证为实现外部审计师目标而开展工作的内部审计人员与外部审计师进行有效的沟通；使外部审计师理解内部审计人员运用的技术、方法和术语，方便外部审计师在依赖这些技术、方法和术语的基础上开展审计。

2. 协调的方法和要求

（1）在组织董事会或者最高管理层的支持和监督下，由内部审计部门负责人组织实施。

（2）内部审计机构负责人应定期对内外部审计的协调工作进行评估。

（3）在外部审计对本组织开展审计时做好协调工作。

（4）协调可以通过定期会议、不定期会面或者其他沟通方式进行。

第二节　内部审计项目管理

一、内部审计项目管理的目标

首席审计执行官必须有效地管理内部审计活动，确保为组织增加价值。一般来说，内部审计项目管理应达到以下目标：

第一，内部审计工作实现经高级经理层和董事会通过的内部审计活动章程所规定的总体目标并履行章程所规定的责任；

第二，内部审计活动的资源得到有效率、富有成果的使用。

二、审计项目管理的要素

内部审计项目管理包括主体、对象和标准三大要素。所谓主体是指项目审计主体，加强对项目审计主体的管理是项目审计管理的主要因素。所谓对象是指项目审计过程，项目审计过程是项目审计产品的生产加工过程，主要体现在审计证据的搜集和审计报告的编制过程。所谓标准，是指衡量审计过程和审计结果优劣的尺度。

（一）审计主体管理——优化人力资源配置

内部审计小组的工作质量很大程度上取决于内部审计人员的素质。一个优秀的内部审计工作组的主要特点是整体协调、精干和高效。首先，应该挑选一名有一定政策水平和工作经验、作风踏实、专业能力强的内部审计人员担任审计小组负责人，对项目进行总体把握；其次，要合理调配审计组成员，注意保持审计队伍的梯形结构，明确每一名成员的责任，以促进内部审计人员钻研业务，提高工作质量。

在实际工作中，由于审计方案确定的审计内容是分解给每个审计组成员来完成的，所以，就可能出现由于分工脱节而造成的审计遗漏，或者审计重点不突出等情况。为了发挥内部审计小组的整体作用，就要积极做好审计组的内部协调工作。审计小组负责人应当及时召开审计组会议，分析审计发现，明确下一步工作。如果遇到重大或疑难问题，小组会议应当根据实际情况，确定审计的深度和详尽的取证方法，并根据工作进度，及时调整审计力量。

（二）审计对象管理——规范约束审计过程

当内部审计人员按照取证的要求，对被审计单位存在的问题取证后，应进行核对。核对人员应对审计证据进行全面分析和鉴定，并注意检查取证人员对问题的认识和判断是否正确，引用的证据是否恰当，证据是否按照规定的要求收集，证据是否有证明力，等等。在审计报告编写之前，由审计组集体讨论，确定所查处问题的性质、报告的总体结构、详细布局和措辞，然后进行编写，再交审计组讨论通过。这样既可以减少审计报告的修改工作量，又可提高审计报告质量。

（三）审计标准管理——矫正项目管理的评价标准

审计评价标准必须坚持以下原则：

1. 相互制约原则

处理每一项经济业务的全过程，或全过程的几个重要环节，都不能由一个人包办，必须经过几个部门或几个人之手，按一定程序共同分工负责，以充分发挥部门之间和人员之间的相互制约、相互牵制作用。

2. 记录完备原则

对企业的经济业务进行分类、整理、总结、监督应有足够的、合法的、完整的、正确的记录，以保证企业所发生的所有重要经济业务都有详细的记录并反映在会计报表中。内部审计部门的审计活动也应记录完整。

三、内部审计项目管理的程序

内部审计负责人有责任保证内部审计项目的执行满足经济性、效率性和效果性。

（一）制订计划

内部审计师开展每项业务都必须制订书面计划，其内容包括业务目标、范围、时间安排以及资源分配等。制订的计划必须考虑和业务有关的组织战略、目标和风险。制订科学、合理的审计项目计划是内部审计项目管理的第一步。在制订审计项目计划时，内部审计人员须确保既定项目符合内部审计计划目标的要求。审计部门负责人应当提供他们在管理需要和期望方面的经验和知识。他们理解各业务部门经理应付内部审计人员的方法，因此，他们应当参加首日审计会议，引导和观察审计项目的开始，同时也要借鉴审计项目负责人的经验。

（二）初步检查

对被审计单位的初步调查计划应当得到内部审计部门负责人的批准。内部审计部门负责人在观察到重要的审计结果时，应当指导审计人员怎样向被审计单位了解情况。

（三）审计方案

在审计项目的起点制订切实可行的实施方案，搞好审前调研，对涉及审计项目中的一些重点事项、被审计部门的总体情况、业务流程、内部控制制度是否健全有效，必须做到心中有数，从而制订出切实可行的审计实施方案。审计项目负责人负责编制审计方案。内部审计部门负责人应该批准最初的审计方案，并批准对其所做的任何修订。内部审计部门负责人也应该清楚方案执行的情况。

（四）现场实施阶段

内部审计部门负责人应该定期巡视审计实施现场，检查审计工作是否按照审计实施方案中制定的程序完成。内部审计实施过程中最重要的资料是审计工作底稿，其编制基础是充分、可靠、相关的审计证据，编制的质量要求是，应做到内容完整、记录清晰、结论明确，客观反映项目审计计划、审计方案的制订及审计方案的实施情况，并包括与形成审计结论和建议有关的所有重要事项。必要时，内部审计负责人应抽查审计工作底稿，如果内部审计人员知道自己的工作底稿将要被检查，很可能会对此倍加关注。内部审计部门负责人通过现场观察和定期报告，可以密切关注审计预算和进程，特别是未解决的方案步骤等问题。

（五）撤出审计工作小组时的面谈

无论是纠正行动或内部审计部门与被审计单位的关系，这种面谈都十分重要，内部审计负责人应尽最大可能参加这些会议。

（六）报告

在内部审计人员编制审计报告前，应当先编写草稿的大纲。内部审计部门负责人应该认真审阅和批准大纲，然后内部审计人员再依据经过复核的审计工作底稿和相关的审计证据，撰写审计报告。

（七）审计报告审阅

内部审计部门负责人应该努力参加所有的审计报告审阅。如果与被审计单位发生争执，他们所持的客观态度可以给审计项目负责人提供帮助。内部审计部门负责人必须是一个审慎的审阅者，他们务必使最终报告避免差错或措辞有误。

（八）结束项目

内部审计部门负责人应该在审计工作底稿和审计报告归档前，审阅这些文件，以确定其是否完整，并且都已编妥。如果所有需要的纠正行动在项目结束前都已执行的话，内部审计部门负责人应该对此感到满意。

（九）审计档案管理

内部审计机构应当建立审计档案工作管理制度，明确规定审计档案管理人员的要求和责任。内部审计人员应当按审计项目立卷，不同审计项目不得合并立卷。跨年度的审计项目，在审计终结的年度立卷。内部审计人员应当根据审计档案材料的保存价值和相互之间的关联度，以审计报告相关内容的需要为标准，整理鉴别和选用需要立卷的审计档案材料，并归集形成审计档案。

审计档案材料应当按下列四个单元排列：

（1）结论类材料；

（2）证明类材料，按程度予以排列；

（3）立项类材料；

（4）备查类材料。

内部审计部门在条件允许的情况下，可以为审计项目建立电子审计档案。内部审计机构在审计项目完成后，应当以审计项目为单位，按照归档要求，向档案管理部门办理电子审计档案的移交手续，内部审计部门和档案管理部门应当按照国家法律法规和组织内部管理规定，结合自身实际需要合理确定审计档案的保管期限。内部审计机构应当建立健全审计档案利用制度。借阅审计档案，一般限定在内部审计机构内部。内部审计机构以外或组织以外的单位查阅或者要求出具审计档案证明的，必须经内部审计机构负责人或者组织的主管领导批准，国家有关部门依法进行查阅的除外。

另外，内部审计机构可以采取下列辅助管理工具，完善和改进项目管理工作，保证审计项目管理与控制的有效性：第一，审计工作授权表；第二，审计任务清单；第三，审计工作底稿检查表；第四，审计文书跟踪表；第五，其他辅助管理工具。

第三节　内部审计质量保证与改进

内部审计质量对于内部审计工作有着十分重要的意义，是关系到内部审计在组织中的地位和发展，乃至本单位的管理和控制的带有全局性的问题。内部审计相比外部审计而言，没有固定的审计程序和工作流程，没有严格的审计时间限制，内部审计人员在很多方面有较大的灵活性。但正是这种灵活性，使得内部审计工作具有较大的随意性，内部审计质量不易得到保证。加强内部审计的质量管理，无疑是诸多内部审计管理环节中的中心环节。内部审计质量评价与改进决定着内部审计质量的高低。提高内部审计质量，是减少审计风险、提高审计效益的保证。内部审计机构负责人对制定并实施系统、有效的质量控制制度与程序负主要责任。

一、内部审计质量保证与改进程序

为了确保内部审计工作的顺利实施，首席审计执行官建立并维护涵盖内部审计活动所有方面的质量保证与改进程序，以保证下列目标的实现：

第一，内部审计人员根据内部审计章程开展工作，该章程与《国际内部审计专业实务标准》及职业道德规范的要求一致；

第二，内部审计人员以有效及高效率的方式开展内部审计活动；

第三，内部审计活动能被利益相关方认为可以增加组织价值，改进组织的经营情况。

质量保证与改进程序包括对内部审计活动执行情况的持续监督、定期自我评估或由组织内部其他充分了解内部审计实务的人员进行的评估、定期的外部评估。该程序应当涵盖内部审计活动的所有方面并能持续监控内部审计活动的效果，程序的每一部分应按照有助于内部审计活动增加价值，改善组织经营状况，并确保内部审计活动的开展。

组织应当建立内部审计质量评估制度，定期开展内部审计质量评估工作。

有效的内部审计质量保证与改进程序，需要全体内部审计人员增强质量意识。内部审计部门可以通过开展审计业务培训，学习最佳实务，审计质量攻关模拟等多种措施增强内部审计人员的质量意识。同时，实行任期审计质量目标责任制，把内部审计质量作为考核内部审计人员工作业绩的一项重要内容，把质量作为人才竞争和淘汰机制中的一个重要因素。

二、内部审计质量保证与改进程序的性质和范围

内部审计质量保证与改进程序应当充分详尽，涵盖《标准》及行业最佳实务所指的内部审计活动运行与管理的所有方面。除了小型的内部审计活动，首席审计执行官通常将大部分内部质量保证与改进程序责任授权给下属部门。在规模大且复杂的环境下（例如，大量的业务部门或业务分布地点），首席审计执行官应当在内部审计部门内建立正式的质量评价与改进程序职能，独立于审计和咨询分部。这一独立职能应当由一名审计执行官负责，他以及有限的雇员通常不会实施所有的内部审计质量评价与改进程序责任，但会管理并监督这些活动。

内部审计质量保证与改进程序的安排应当使专业能力达到最佳水平，质量检查应当在可能的范围内，独立于被检查的职能或活动。内部审计质量保证与改进程序，应当考虑下列关键因素：

（1）监督内部审计政策、程序的制定和实施，执行和维护内部审计政策、程序手册。

（2）协助首席审计执行官和审计管理部门进行有关内部审计活动的预算和财务管理工作。

（3）维护和更新全面的审计风险体系，包括收集和吸纳影响这一体系的新信息，监督内部审计、外部审计和其他评价与检查职能之间的责任划分。

（4）在管理评价审计风险和长期计划系统的总体运行情况这一领域协助首席审计执行官和审计管理部门。

（5）协助审计和咨询业务的总体进度安排过程及相关联的时间安排。

（6）协助内部审计管理部门取得、维护和使用审计工具及采用其他技术。

（7）管理外部人员招聘和内部审计参与组织内的人员轮换和管理部门发展项目。

（8）监督员工的培训和发展。例如，选择或开发培训课程，管理相关的职业计划和业绩评价过程，包括单个员工职业发展的跟踪制度。

（9）监督内部审计统计/计量、审计后调查及其他调查（如对内部审计的客户和其他利益相关方的调查）。

（10）管理并监督质量评价和过程改进活动，包括正式的内部和外部质量评估。

（11）监督并管理内部审计部门信息收集，向高级管理层和审计委员会定期报送简明报告的编制（包括内部和外部质量评价结果的报告）。

（12）管理并维护来自内部审计活动、外部审计师的工作及其他内部评估与调查职能的关于审计建议和行动计划的全面后续数据库。

（13）在内部审计管理部门的指导下，协助首席审计执行官、审计管理部门和内部审计人员了解现行的《标准》，内部审计行业的其他变化及最新的最佳实务，法规事宜，发生的其他事件和机会。

三、内部审计质量评估程序

内部审计活动应当采用一个监控、评估质量程序整体效果的流程。该流程应当包括内部和外部评估。质量保证与改进程序必须包括内部评估和外部评估。

内部审计质量评估的内容主要包括以下几方面：内部审计准则和内部审计人员职业道德规范的遵循情况；内部审计组织结构及运行机制的合理性、健全性；审计工具和技术的适用性；内部审计人员配置及专业胜任能力；内部审计业务开展及项目管理的规范程度；各利益相关方对内部审计的认可程度和满意程度；内部审计增加组织价值、改善组织运营的情况。

（一）内部评估

内部评估必须包括：对内部审计活动执行情况的持续监督；定期自我评估或由组织内部其他充分了解内部审计实务的人员进行的评估。

首席审计执行官负责保证提供恰当的业务监督。监督是一个从计划开始，通过检查、评价、报告和跟踪各阶段的过程，包括以下内容：

（1）保证分配参加业务工作的内部审计师具备必需的知识、技能和开展业务所需的其他能力；

（2）在计划业务阶段提供恰当的指导并批准业务方案；

（3）监督批准后的业务方案按计划实施，除非有充分的理由并得到授权才能改变；

（4）保证业务工作底稿能充分支持业务发现、结论和建议；

（5）保证业务通报准确、客观、清楚、扼要、及时、富有建设性；

（6）保证业务目标得以实现；

（7）提供发展内部审计人员的知识、技能和其他能力的机会。

持续监督是对内部审计活动进行日常监督、检查和测试的组成部分。持续监督应纳入管理内部审计活动的日常政策和实践，运用必要的流程、工具和信息对内部审计活动是否遵循职业道德规范和《标准》做出评估。持续监督的范围可以延伸到内部审计人员培训和开发、业绩评价、时间和费用控制等领域，取决于内部审计人员的专业水平和经验及业务的复杂程度。与监督有关的证据应该得到记录和保存。

（二）定期自我评估

除持续监督外，可由内部审计管理人员进行自我评估，也可由组织内部其他充分了解内部审计实务的人员对内部审计活动进行定期评估。内部评估由组织内部的人员按照外部质量评估的要求实施，可以由内部审计、人力资源、内部控制、风险管理等部门的人员参与。内部评估的优点是评估人员来自组织内部，对组织文化及各项具体业务活动的了解较为深入。实践中，由于各个组织的内部审计活动在规模、权限、工作范围、人员技能等方面存在差异，因此，内部评估程序可以根据不同的情况灵活运用。通常，内部评估被纳入管理内部审计活动的常规政策和实务中，主要通过以下方式进行：

（1）对审计业务实施日常监督（如审计项目质量管理)；

（2）通过审计管理系统对审计项目实施情况的实时跟踪；

（3）审计工作结束后，由被审计单位和其他利益相关方做出评价或反馈；

（4）由未参与审计项目的其他内部审计人员有选择地进行审计工作底稿互查；

（5）对利益相关方进行深入访谈和调查；

（6）对审计绩效衡量指标（如审计项目预算的控制情况、审计计划完成情况、审计建议采纳情况）考核评估等。

内部审计绩效指标可以包含下列项目：对于促进风险管理、内部控制和治理过程的贡献程度、指定的关键性目标和目的的完成程度情况、对审计工作计划进展的评估、内部审计人员工作能力的提高、审计过程中成本收益率的提升、企业程序重组带来的审计数的增加、适当的审计业务计划及监督、符合利益相关者需求的程度、内部审计质量评估的充分性等。

（三）外部评估

外部评估必须至少每五年开展一次，必须由来自组织外部、合格且独立的检查人员或检查小组负责实施。首席审计执行官必须与董事会讨论；外部评估的形式和频率；外部评估人员或评估小组的资质和独立性，包括任何潜在的利益冲突。外部评估可以通过完全外部评估或对自我评估的独立外部审定来完成。因此，质量评估与改进程序应当包括定期的外部评估，至少每五年由组织外部合格的、独立的检查人员或检查小组开展一次。如果内部审计部门的组织结构较为合理，规章制度较完善，人员素质较高，审计质量控制较为完备，或者组织内部适当管理层在近期对内部审计质量的相关内容进行过考核与评价，则外部评估的时间间隔可以适当延长。外部评估活动应当涵盖内部审计活动开展的审计与咨询业务的全面情况，不仅仅限于评价其质量评价与改进程序。对内部审计活动的外部评估应当评定内部审计活动是否遵循标准（《国际内部审计专业实务框架》《中国内部审计准则》）并发表意见，还应当包括相应的改进建议。

1. 外部检查人员的资格

外部检查人员包括审计自我评估的人员，应当独立于内部审计活动。检查小组应当由在内部审计实务和外部评估过程方面经验丰富的人员组成。合格的外部检查人员的候选者，可以是 IIA 质量评价检查员、法律考官、咨询专家、外部审计师，其他职业服务提供者，以及来自组织外部的内部审计师。

（1）独立性。从事外部评估的个人和机构——评估小组的成员及其他任何参与评估工作的人员，应当与接受外部评估的内部审计活动所在组织及其人员没有任何利益关系。应当给予特别关注的外部评估人员独立性包括：

①从事评估工作的人员必须独立于内部审计活动所在组织，必须没有实质或形式上的利益冲突。"独立于组织"指既不是内部审计活动所在组织的组成部分，也不受其控制。在选择外部检查人员时应当考虑：检查人员过去或现在与组织或其内部审计活动的关系是否可能存在实质或形式上的利益冲突。

②来自本组织内其他部门或相关组织的人员，尽管在组织上与内部审计活动独立，但从开展外部评估的目的角度看，并不能认为是独立的。"相关组织"可以是母公司，或同一组织的隶属组织，或者与内部审计活动所在组织存在定期监督、质量评价责任的组织。

③安排在三个或更多组织之间（例如，在行业内其他相似组织、地区联盟，或者其他组织团体内部）相互开展同业互查，有可能减弱对独立性的考虑，但是必须注意保证不发生独立性方面的问题。

④为了消除上述在实质或形式上损害独立性的顾虑，一名或多名独立人员可以作为外部评估小组的一部分，或者安排在评估之后加入，独立地验证外部评估小组的工作。

（2）公正和客观。公正要求检查小组在保密的约束下诚实、坦率，服务于公正信任而不应该从属于个人所得和利益。客观要求检查小组做到公正、心地诚实，没有利益冲突，根据客观事实做出客观评价。

（3）胜任。开展外部评估并报告其结果要求运用职业判断，因而外部评估人员应当有一定的专业胜任能力。外部评估人员应当具备以下条件：

①胜任的、有资格的职业人员（如 CIA、CPA、CA、CISA），掌握有关《标准》现行的深度知识；

②精通行业的最佳实务；

③在管理职位上至少有三年内部审计实践工作经验；

④外部评估小组负责人和独立的证明人员应当具有高水平的胜任能力和更多经验，例如，以前作为外部质量评估小组成员时获得的工作能力和经验，圆满完成 HA 的质量评价课程或类似培训，以及首席审计执行官或相似的高级内部审计管理经验。

检查小组应当具备信息技术专业或相关行业经验的成员，其他专业领域的人员有助于外部检查小组的工作。例如，企业风险管理、统计抽样、运营监督系统或者控制自我评估方面的专家可以从事评估中的特定工作。

2. 外部评估的范围

外部评估的覆盖范围包括内部审计活动的以下要素：

（1）遵循《标准》和职业道德规范，内部审计活动的章程、目标、政策、程序、实务，以及相应法律、法规要求情况；

（2）董事会、高管层和经理人员对内部审计活动的期望；

（3）将内部审计活动与组织的治理过程结合起来，包括介入这一过程的主要不同团体之间的关系；

（4）内部审计活动采用的工具和技术；

（5）员工知识结构、工作经验、专业的组合搭配，包括侧重于过程改进的员工；

（6）内部审计活动是否增加了组织的价值，改进了组织的运营状况。

3. 通报结果

检查的初步结果应当在评估过程实施期间及做出结论时与首席审计执行官进行讨论，最终结果应当报告给首席审计执行官和其他批准开展评估工作的人员，最好直接送交高级管理层和董事会的相关成员。通报应当包括：

（1）在综合评分的基础上，对内部审计活动遵守《标准》的情况发表意见。国际内部审计师协会将内部审计质量评估结果分为三种："总体遵循"是指内部审计活动的实务从整体看来，满足《标准》的要求；类似的，"未遵循"是指内部审计活动效率低下，产生的影响和严重程度妨碍了内部审计活动履行职责的能力；"部分遵循"《标准》中条款的程度，如果与总体意见相关，也应当在独立评估报告中表述。对外部评估结果发表意见要求运用良好的业务判断、公正及应有的职业审慎。内部审计质量评估的结论分为合格与不合格两类。对评估合格的组织还应进行评级，由高至低依次分为 AAA 级、AA 级和A 级。

（2）对运用最佳实务的评价，包括评价过程中观察到的做法和其他潜在的可适用的做法。

（3）适当情况下提出改进的建议。

（4）首席审计执行官的反馈，包括行动计划和实施时间。

如未能直接送交有关材料，首席审计执行官应当就检查结果与高级管理层和董事会的相关成员交换意见，同时还应交流重大事项的计划纠正措施及这些计划措施完成后的信息。首席审计执行官应当针对外部评估报告中的重要意见和建议，编制书面行动计划，并负责采取适当的后续措施。

4. 不同的外部评估主体实施的外部评估

（1）由外部审计人员进行的外部评估。对内部审计组织的外部检查有时由外部审计事务所进行。在外部审计事务所对内部审计部门进行外部检查时有一种危险，即不能从内部审计从业标准的角度去检查，而是根据事务所从业标准去检查。因此，组织的高级管理层有必要保证审计事务所充分理解和采用内部审计从业标准作为其从业大纲。

（2）同行评估。进行外部检查的另一种方法是由其他公司的资深内部审计人员执行检查工作。几个公司的内部审计部门负责人可以组成一个审计组，轮番对这些内部审计部门进行检查。但是，这种同行评估的方式有可能损害评估的独立性，或至少形式上损害。还有另外一个极端，就是可能会有这样的风险，即检查产生的批评可能会在相互检查中导致报复性的批评。高级管理层会觉得同行评估可信度不足，也有可能不希望其他公司分享保密性信息而对这种检查心存戒备，导致检查难以有效开展。

（3）由专家进行的外部检查。许多职业团体都有资深专家，这些专家比其他方式的检查人员更独立于内部审计部门，更能排除实际偏见。但从另一方面来讲，专家评估需要付费，这就涉及专家的独立性是否受损的问题。较明智的做法是由高级管理层支付费用，而不从内部审计部门的预算中支出。

（4）国家进行的外部检查。西方企业的内部审计与国家审计没有任何联系，更谈不上接受国家审计机关的指导。中国的内部审计则是社会主义审计监督体系的一个组成部分，国家审计机关必然将对内部审计的监管纳入自己的工作范围，通过各级审计机关开展对内部审计机构审计业务质量的检查和评估。我国国家审计机关还通过内部审计协会等多种途径指导、监督和管理内部审计工作的标准和质量，完善对内部审计组织的管理。

5. 独立审定的自我评估

为回应规模小的内部审计部门可能难以负担由独立的个人或小组对其开展的外部评估，提出了替代程序，即"独立（外部）审定的自我评估"，其主要特征是：

（1）是一个详细、全面记录的自我评估过程，应参照外部评估过程，至少在对遵循《标准》方面的评估进行参照。

（2）由合格的检查人员实施的独立现场审定。

（3）较少的时间和资源需求。

但是，独立（外部）审定的自我评估同样需要满足以下要求：

（1）外部评估的总体考虑和目标；

（2）独立审定人员（外部评估人员）的资格要求；

（3）独立性、公正性及客观性，胜任能力，管理层和董事会的批准，范围（除采用工具、技术，其他最佳实务，职业发展及增加价值的活动等领域以外）；

（4）结果通报，包括纠正措施及其完成情况。

尽管全面的外部检查对于内部审计活动能取得最大成果，自我评估的独立审定也提供了一种完全符合《标准》的可选择方式。但是，在可能的范围内，为了获得质量评价和改进程序的益处，内部审计活动应当考虑将自我评估的独立审定作为中期手段，其后尽可能取得全面的外部评估。

第四节 内部审计风险及防范

一、内部审计风险的定义

关于审计风险的定义，目前国内外审计界还没有形成共识。

国际会计师联合会（IFAC）颁布的《国际审计准则第 25 号——重要性与审计风险》

将"审计风险"定义为："审计风险是指审计人员对实质上误报的财务资料可能提供不适当意见的风险。"

《中国注册会计师审计准则第 1101 号——注册会计师的总体目标和审计工作的基本要求》第十三条将"审计风险"定义为："审计风险，是指当财务报表存在重大错报时，注册会计师发表不恰当审计意见的可能性。"

基于上述对审计风险的认识，内部审计风险可以定义为："内部审计人员未能发现被审计单位经营活动及内部控制中存在的重大差异或缺陷而做出不恰当审计结论的可能性。"

二、内部审计风险的内容

权责明确是现代企业制度最显著的特征之一。这不仅体现在所有者与管理者之间，而且更多地体现在企业内部各职能部门和员工之间，从而形成分权管理体制和受托经济责任关系。内部审计以相对独立的第三者身份介于其中，起着对受托经济责任的履行情况进行监督与评价的作用。这样，企业所有者对经理及经理对所属部门经营行为的监督和评价就由内部审计机构来完成，因而，不可避免存在内部审计风险。

（一）审计信息失真的风险

审计人员在搜集审计证据的过程中，可能会遇到审计范围受到限制或被审计单位伪造审计证据等情况，从而使搜集到的审计证据不足或有悖于客观事实，依此而做出的审计结论和决定就有可能与客观事实相背离。

（二）内部审计人员独立性受损的风险

内部审计在本部门、本单位主要负责人的领导下开展工作，对本单位部门或机构进行审计，内部审计审什么、怎么审、审计结果如何处理、审计建议能否落实都要受本单位领导的制约，这就决定了其独立性是有限的。再加上内部审计人员与被审计部门或机构长期的工作关系，与被审计人员有着千丝万缕的联系，其独立性难免受损。鉴于此，内部审计的客观性和公正性必定受其影响，为内部审计留下隐患。

（三）连带责任风险

内部审计人员对组织重大经济活动进行跟踪审计时，如担保合同的签订，有可能会因为对项目研究不够、介入管理职能、越权办理审计事项或审计程序不当，而承担经济活动失败的连带责任，导致审计风险。

（四）沟通不畅风险

由于内部审计人员没有掌握必要的人际交流和沟通技巧，或在审计过程中没有注重增进与被审计单位人员的交流与沟通，使之产生抵触心态，从而得不到被审计单位的支持和理解，限制了审计范围，加大了审计风险。

（五）审计报告风险

内部审计人员有可能在其出具的审计报告中没有明确审计范围、责任和依据，措辞含糊不清或过于绝对，而加大审计风险。

（六）无法发现组织内重大舞弊行为的风险

组织内的许多舞弊行为十分隐蔽，或者多名雇员串通舞弊，内部审计人员难以揭露这些对组织影响重大、破坏严重的舞弊行为，从而加大审计风险，影响内部审计的职能发挥及其在组织中的地位。

三、内部审计风险的成因

（一）内部审计外部环境因素

1. 社会环境

有关部门、社会公众的审计意识不断增强，对内部审计寄予了越来越高的期望，内部审计部门必须降低审计风险来缩小期望差距。随着内部审计地位的不断提高，人们对内部审计报告的依赖程度也越来越大，这也会加大审计风险。

2. 经济环境

现代企业面临的经济环境越来越复杂，市场竞争越来越激烈，特别是跨行业经营的大规模企业集团，其经济活动越来越复杂，从而扩展了内部审计活动的范围，增加了内部审计工作的难度，审计风险也不可避免地增加了。

3. 法律环境

与内部审计实务的顺应需求而取得的快速发展相比，内部审计相关法律法规制度建设与完善相对滞后，导致一些经济行为无法可依，或虽有制度，但由于原则化，缺乏可操作性等原因，使一些违规违法行为难以依法定性。内部审计人员进行审计时，依靠经验和专业判断，在某种程度上影响了审计结论的权威性和准确性，引发内部审计风险也就难免。

（二）内部审计主体的因素

1. 内部审计部门未能保证其组织上和业务上的独立性

内部审计主要是对本组织行使监督、服务与评价，为单位领导决策提供依据。在本部门、本单位主要负责人的领导下开展工作，由于其本身不参与这些部门和机构的业务经营活动，在组织上也不受这些部门和机构的领导，所以能够保持其一定程度上的独立性。但是由于内部审计人员是本单位职工，个人利益与单位利益休戚相关，又受本单位负责人的领导，内部审计审什么、怎么审、审计结果如何处理、审计建议能否落实都要受本单位领导的制约。当审计事项涉及外单位时，往往难以进行调查取证，当审计涉及本单位具体的人和事时，难以遵循回避原则，这就决定了其独立性是有限的。鉴于此，内部审计的客观性和公正性必定受其影响，这就为审计风险留下隐患。

2. 内部审计主体的风险意识不强

由于审计资源有限，审计任务繁重，再加上内部审计部门业绩评价标准不合理，内部审计人员常常是重完成、轻风险，重成绩、轻处理。如果内部审计人员风险意识差，从主观上缺乏对问题查处的动力，就会采用不恰当的审计程序和审计方法，或者错误地估计和判断审计事项，对重大错误或舞弊现象容易忽略，导致发表与事实相反的审计报告，产生内部审计风险。

3. 内部审计人员的素质不高

内部审计人员素质的高低是决定内部审计风险大小很重要的因素。由于内部审计涉及经济活动、组织管理的每一个环节，这就要求内部审计人员应当具备相当的专业知识、丰富的工作经验及良好的职业道德和敬业精神，这样才能在日渐复杂的经济环境中，对内部审计中发现的问题做出正确的审计结论，以降低内部审计风险。而事实上，目前的内部审计人员综合素质不高、知识结构单一、知识更新较慢、专业胜任能力不强，少数内部审计人员缺乏应有的职业道德观念，表现在徇私情，害怕打击报复，在发现重大问题的时候因与被审计单位、被审计人员的同事关系、熟人关系或者彼此之间有利益关系，不能正确履行内部审计职责，甚至故意放弃对这些问题的追查和揭露，提供与事实不相符的审计结论。

4. 内部审计主体未能建立有效的内部审计质量保证程序

目前，许多内部审计部门尚未建立科学、完备的内部审计质量监督和评价体系，对内部审计项目还缺乏贯穿项目所有阶段的具体、详细的管理监督和评价措施，仍缺少事前的审计计划、事中的审计程序和报告期的审计复核，审计工作底稿不完整，一般仅记录审计问题事项，而未记录内部审计人员认为正确的审计事项，使得内部审计复核、内部审计质量控制无从入手，内部审计报告以协调关系为出发点，以肯定工作成绩为基调，反映问题模棱两可。以上状况的存在，使得保证内部审计质量成为一句空话。缺乏监督机制，就不能保证内部审计活动各个阶段准确无误地进行，而任何一个阶段的失误都会增加最终的内部审计风险。

5. 内部审计责任与其他监管机构职能重合

内部审计的主要职能是发现组织内部在运作过程中有哪些管理不完善，哪里内部控制有漏洞，哪里可能产生损失浪费，并提出改进建议，从而增加组织价值，这才是内部审计的专长，与纪检、监察部门对党员、领导干部的反腐倡廉，与组织人事部门的雇员能力、业绩考核有所区别。我国有许多企业将内部审计部门与纪检、监察部门合二为一，对内部审计职能定位不准，赋予内部审计过多的责任，从而加大了内部审计风险。

6. 内部审计选用审计程序和方法的不确定性

由于内部审计也需要强调成本效益原则，内部审计人员可能会舍弃一些对审计结论影响不大但耗时费力的审计程序，这可能导致审计结论出错，引发内部审计风险。目前，内部审计采用的审计方法是制度基础审计，这种审计方法较大程度上依赖于对被审计单位内部控制制度的测试，本身就蕴藏着一定的风险。

（三）内部审计客体的因素

内部审计对象的复杂性往往会增加内部审计的难度，使内部审计人员难以做出正确的审计判断。被审计单位的经营环境、经济活动复杂程度、内部控制强弱、人员素质都会影响内部审计风险大小。如果被审计单位财务状况不佳、经营管理不善，很有可能提供的经济资料不真实、不完整，甚至串谋舞弊，从而限制了内部审计范围，使内部审计人员取证难度较大，对其经营管理状况不能准确认定，从而加大内部审计风险。

四、防范内部审计风险的对策

(一) 树立风险意识

内部审计人员应当充分认识内部审计风险的客观性，正确理解内部审计风险的有利性，时刻注意内部审计风险的有害性和可控性，谨慎防范和认真控制内部审计风险内部审计人员要以应有的职业审慎态度开展内部审计工作。合理评估风险水平的高低，是保证内部审计工作质量、降低内部审计风险的关键。内部审计部门应当建立健全有效的风险评估机制，依据风险评估结果确定审计范围、审计重点及审计方法。随着企业经营风险和财务风险的回避与降低，内部审计风险也会得到有效的控制。

(二) 健全内部审计部门，努力提高内部审计人员素质

绝大多数内部审计部门审计任务不断增加与内部审计人员相对有限的矛盾仍然没有解决，内部审计部门应切实加强机构建设，适当充实内部审计力量，并加强岗位管理，留住高素质内部审计人员。要想降低内部审计风险，提高内部审计质量，还必须努力提高内部审计人员的素质，并加强内部审计人员的后续教育，以内部审计人员的高素质来确保内部审计工作的高质量，从而达到降低内部审计风险的目的。

(三) 周密制订审计方案，严格执行审计程序

首先，在实施内部审计前，应当熟悉与被审计事项有关的法律、法规和政策，充分了解被审计部门的基本情况，并根据审计目的，确定内部审计的范围和重点；其次，要精心编制内部审计计划，应根据对被审计单位基本情况的了解和对内部控制的初步评价，对内部审计风险做出评估；最后，根据审计项目的特点配备审计力量，并明确工作责任，做到分工明确，各负其责。在内部审计方案周密制订之后，严格按照审计程序实施审计。从制订审计项目计划、发出审计通知书、审计取证、审计报告征求意见，到送达审计决定等，每一环节都应严格按规定程序进行。

(四) 改进审计方法，做好审计证据的收集和整理工作

内部审计人员在实施审计时应根据审计项目的特点，采用适合该审计项目的审计方法。例如，在进行违纪违规项目的专项审计时，应尽可能采用详查法，以防遗漏；在进行

经济效益审计评价时，应采取对比分析法等。在审计方法上，可以引进目前最先进的风险基础审计模式，以风险的分析与控制为出发点，以保证内部审计质量为前提，统筹运用各种测试方法，综合各种审计证据，以控制内部审计风险。同时，内部审计人员还应重视审计证据的收集和整理工作。审计证据的真实性、充分性和相关性直接决定了引发内部审计风险的可能性大小，所以，内部审计人员要一丝不苟地根据规范的操作程序进行收集整理，绝不能草率行事。

（五）进一步规范审计报告

内部审计报告是审计意见的载体，是发挥内部审计作用的主要手段，是解释内部审计人员责任的重要依据，是审计档案的重要组成部分，所以，它几乎成为影响内部审计风险发生的最主要的因素。规范的内部审计报告应该做到：态度客观公正，证据确凿充分；内容全面完整，重点突出；语言明晰简练，格式规范；责任界定明确，建议切实可行。做到了以上各点才能防范和化解因内部审计报告不规范而引发的内部审计风险。

（六）拓展内部审计范围，搞好后续审计

凡是影响组织目标的一切因素都应在内部审计范围之内，不仅要对本单位及所属单位的财务收支及其经济效益进行监督，更要努力为企业服务，使企业各项经营活动均能有序、高效、经济地运行。此外，还应充分重视后续审计。不进行后续审计，内部审计部门就无法了解被审计单位是否对内部审计报告中发现的问题和建议采取了纠正措施，就无法了解采取纠正措施的效果如何，进而无法防范和化解可能引发的内部审计风险。正因为后续审计对于防范和化解内部审计风险的重要意义，必须将后续审计作为内部审计工作程序的一个必不可少的重要步骤来认识，认真搞好后续审计。

（七）建立有效的内部审计质量控制与评价体系

内部审计质量控制是防范内部审计风险的核心，内部审计部门应建立健全一套科学、严密的内部审计质量控制制度，并把这套制度推行到每一个内部审计人员和每一项内部审计业务，促使内部审计人员按照专业标准的要求执业，在内部审计的每一环节上，通过全面、综合的考核与评价，促进内部审计工作质量的提高，达到防范与控制内部审计风险的目的。

第五节　内部审计制度建设

企业应当建立健全内部审计制度、审计工作程序、工作方法、岗位职责、质量管理、职业道德、继续教育等方面的内部审计工作准则和规范，使内部审计工作有章可循，有规可依，为促进内部审计健康、有序发展提供制度保证。

为了保证内部审计部门能够正常、有序地开展内部审计工作，应当具备至少以下三个层次的内部审计制度。

一、内部审计章程

内部审计机构应当制定内部审计章程。章程应当采用书面形式对内部审计活动的目标、权限和职责进行正式规范，并报经董事会或最高管理层批准。

内部审计章程应包括以下主要内容：

（1）内部审计部门的宗旨；

（2）内部审计部门在组织中的地位及其模式；

（3）内部审计部门的报告制度；

（4）内部审计部门与本单位所属单位内部审计机构或内部审计人员的关系；

（5）内部审计人员的条件；

（6）内部审计部门的职责；

（7）内部审计部门的权限，授权内部审计人员接触与开展业务相关的记录、人员和实物资产；

（8）内部审计活动的程序；

（9）内部审计活动的管理制度；

（10）内部审计活动的业绩评价及奖惩制度；

（11）内部审计部门在制定与本单位的内部审计工作有关的规章制度方面的权限与程序。

内部审计章程有助于定期评估内部审计活动的宗旨、权力和职责是否适当，以确立内部审计活动的作用并为管理层和董事会提供评价这一职能开展情况的依据。如果出现问题，内部审计章程也能提供与管理层和董事会达成的关于内部审计活动在组织中作用和职责的正式书面协议。

二、内部审计操作性制度

内部审计操作性制度,是依据组织内部审计章程的有关规定制定的,是关于审计计划、审计程序、审计方法、审计档案等方面的制度,是较之于内部审计章程更为详细,但仍然带有总括性质的制度,对本组织及本组织所属单位具有普遍的适用性。

三、内部审计工作手册

所谓内部审计工作手册,是指用来规范某一审计内容或者某一有关的工作内容的具体指南。内部审计工作手册应当根据组织的性质、规模和特点,对审计程序、审计方法、审计质量控制及相关审计要求做出详细的规定,以帮助内部审计人员开展具体内部审计工作。内部审计工作手册可以按照内部审计业务内容设计,如招标投标与合同审计、工程项目审计等。

审计工作手册应包括以下主要内容:

(1)内部审计机构的目标、权限和职责的说明;

(2)内部审计机构的组织、管理及工作说明;

(3)内部审计机构的岗位设置及岗位职责说明;

(4)内部审计工作主要流程;

(5)内部审计质量控制政策与程序;

(6)内部审计道德规范和奖惩措施;

(7)内部审计工作中应注意的事项。

实行内部审计制度的组织,其规模和条件各不相同,因此,对内部审计制度建设的要求也有所不同。但对于规模较大、管理制度较为规范的组织,建立以上内部审计制度体系是必不可少的。对于规模较小的组织,要求可以略为放松,但也要朝着这个方向努力。

参考文献

［1］王宝庆，张庆龙. 内部审计［M］. 沈阳：东北财经大学出版社，2017.

［2］秦荣生. 现代内部审计学［M］. 上海：立信会计出版社，2017.

［3］张建平. 内部审计学［M］. 沈阳：东北财经大学出版社，2017.

［4］王李. 内部审计学概论［M］. 沈阳：辽宁科学技术出版社，2017.

［5］陈静然. 内部审计案例教程［M］. 西安：西安电子科技大学出版社，2017.

［6］李雪. 内部审计［M］. 北京：中国财政经济出版社，2017.

［7］陈冰玉，张艳平，祝群. 内部控制［M］. 济南：山东大学出版社，2019.

［8］方红星，池国华，樊子君. 内部控制 第4版［M］. 沈阳：东北财经大学出版社，2019.

［9］李连华. 内部控制学［M］. 厦门：厦门大学出版社，2019.

［10］易艳红. 高校内部控制与风险防范［M］. 北京：国家行政学院出版社，2019.

［11］闻佳凤，仲怀公. 现代企业内部控制学［M］. 北京：北京理工大学出版社，2019.

［12］阮磊. 内部控制与企业财务管理绩效研究［M］. 长春：吉林大学出版社，2019.

［13］张凡. 我国商业银行内部控制研究［M］. 济南：山东大学出版社，2019.

［14］王凤燕. 财务共享模式下的内部控制与企业绩效研究［M］. 北京：中国社会出版社，2019.

［15］张红英. 内部审计［M］. 厦门：厦门大学出版社，2020.

［16］张庆龙. 内部审计学［M］. 北京：中国人民大学出版社，2020.

［17］张建平. 内部审计学：第2版［M］. 沈阳：东北财经大学出版社有限责任公司，2020.

［18］王海兵. 内部审计学［M］. 北京：高等教育出版社，2020.

［19］邱银河. 内部审计实务［M］. 北京：中国财政经济出版社，2020.

［20］邱银河. 内部审计业务知识［M］. 北京：中国财政经济出版社，2020.